KLEINER FÜHRER DER GROSSEN ROMANISCHEN KIRCHEN IN KÖLN

ID·AD·SALVT·OBVT·EST

JÜRGEN KAISER

KLEINER FÜHRER DER GROSSEN ROMANISCHEN KIRCHEN IN KÖLN

mit Fotografien von Florian Monheim

GREVEN VERLAG KÖLN

Herausgegeben und gefördert vom Förderverein Romanische Kirchen Köln e. V. und vom Rheinischen Verein für Denkmalpflege und Landschaftsschutz e. V.

Lektorat: Petra Böttcher, Köln
Gestaltung und Satz: Ute Lübbeke, LNT Design, Köln
Gesetzt aus der Caslon
Lithografie: farbo prepress, Köln
Papier: MultiArt Silk und Peydur lissé (Umschlag)
Druck und Bindung: Rasch, Bramsche

ISBN 978-3-7743-0664-6

Informationen zu den großen romanischen Kirchen wie Adressen und Öffnungszeiten finden Sie unter: www.romanische-kirchen-koeln.de

Detaillierte Informationen über alle unsere Bücher finden Sie unter: www.greven-verlag.de

Info@Greven-Verlag.de · www.Greven-Verlag.de

Greven Verlag Köln GmbH
Postfach 10 16 44
D-50676 Köln

INHALT

VORWORT

Dem Förderverein Romanische Kirchen Köln und dem Rheinischen Verein für Denkmalpflege und Landschaftsschutz liegen die zwölf romanischen Kirchen Kölns gleichermaßen am Herzen. Diese Kirchen sind nicht nur herausragende Architektur und stadtbildprägende Bauten, sondern bis auf den heutigen Tag auch gottesdienstlich genutzt; selbstbewusst behaupten sie sich neben dem im Vergleich zu ihnen ungleich jüngeren gotischen Dom.

Im Jahr der Romanischen Kirchen 1985 hatte der Rheinische Verein mit Unterstützung des Fördervereins für den gesamten Kranz der romanischen Kirchen im Rahmen seiner Reihe »Rheinische Kunststätten« Führungshefte herausgegeben, die große Beachtung gefunden haben und auch heute noch nachgefragt werden.

Als Vorsitzende freuen wir uns, dass es wieder die romanischen Kirchen sind, die unsere beiden großen Vereine zusammenführen. Diesmal geht es um einen gemeinsamen Führer, der nicht nur den Kölnerinnen und Kölnern, sondern auch den Touristen die Bedeutung, die Strahlkraft und die Einzigartigkeit der romanischen Kirchen in Wort und Bild vermitteln soll. Mit überaus qualitätvollen, bisweilen ungewöhnlichen Fotografien von Florian Monheim und einem sowohl gut lesbaren als auch verständlichen Text von Dr. Jürgen Kaiser werden die Bauwerke vorgestellt, ihre Geschichte skizziert und ihre Ausstattungsstücke beispielhaft erläutert.

Wir danken allen, die am Zustandekommen dieser Publikation beteiligt waren, und hoffen, dass sie zahlreiche Leser findet, die Lektüre viel Freude bereitet und nicht zuletzt auch zum Besuch der romanischen Kirchen anregt, der immer wieder zu einem Erlebnis ganz besonderer Art und innerer Sammlung führt.

Helmut Haumann
Vorsitzender Förderverein Romanische Kirchen Köln

Prof. Dr. Heinz Günter Horn
Vorsitzender Rheinischer Verein für Denkmalpflege und Landschaftsschutz

EINLEITUNG

Köln besitzt mit seinen zwölf romanischen Kirchen einen europaweit einzigartigen Schatz hochkarätiger Sakralarchitektur. Wer bei Romanik nur an düstere Räume mit dicken Mauern, kleinen Fenstern und schweren Gewölben denkt, wird hier eines Besseren belehrt. Und wer glaubt, zwölfmal das Gleiche vorzufinden, wird ebenfalls staunen. Denn alle diese Kirchen besitzen nicht nur monumentale Ausmaße, die einer Kathedrale würdig wären. Vielmehr variieren sie auf eindrucksvolle Art und Weise ganz individuell das ganze Formenspektrum dieser Epoche. Als Fernhandelsstadt im Herzen Europas war Köln im Mittelalter auch architektonisch alles andere als provinziell. Man griff nicht nur auf Bauformen der Antike zurück, sondern holte sich unter anderem Anregungen aus Kirchen der Normandie, ja selbst aus Südwestfrankreich. Diese Anleihen verarbeiteten die Architekten der damaligen Zeit aber höchst kreativ, sodass in Köln ganz eigene Lösungen entstanden, die weit ins Rheinland ausstrahlten.

Nachdem im Zweiten Weltkrieg mit Köln eine der größten und bedeutendsten Altstädte im Bombenhagel fast vollständig vernichtet wurde, ist die Stadtfläche innerhalb der Ringe völlig neu bebaut worden. Allein die romanischen Kirchen sollten gleichsam als »Inseln der Vergangenheit« rekonstruiert werden. Und so stehen die romanischen Kirchen Kölns heute entsprechend verloren innerhalb der modernen Großstadt, von deren bedeutendster Epoche im 12. und 13. Jahrhundert sie allein noch künden.

Wer bei ihrem Besuch allerdings ein ungestörtes mittelalterliches Erscheinungsbild erwartet, wird enttäuscht. Denn sie treten uns heute weitgehend im Zustand von Rohbauten entgegen. Ursprünglich war ihr sehr witterungsempfindliches Tuffmauerwerk auch außen von Anfang an verputzt. Eine reiche Farbfassung akzentuierte die Gliederung der Türme, Apsiden und Außenwände entsprechend dem Anspruch, Abbild der Himmelsstadt zu sein. Erst bei den umfangreichen Restaurierungen der zweiten Hälfte des 19. Jahrhunderts meinte man, jeden Außenputz als vermeintlich nachträglich aufgebracht entfernen zu müssen. So haben wir uns in den letzten hundertfünfzig Jahren daran gewöhnt, die romanischen Kirchen Kölns steinsichtig zu erleben. Während man im 19. Jahrhundert also den Außenputz entfernte, unterzog man damals auch die Innenräume einer vollständigen Neuausstattung im Sinne des Historismus mit Mosaiken, Fresken, Altären und Gestühlen. Der Zeitgeschmack änderte sich und nach dem Zweiten Weltkrieg befand man deren Zerstörung geradezu als »Befreiung«, da nun alles, was der Historismus hervorgebracht hatte, als nicht erhaltungswürdig galt und ohne langes Nachdenken verschwand. Die Architekten der Nachkriegszeit waren vielmehr durch das Bauhaus geprägt und dementsprechend fiel auch der Wiederaufbau der romanischen Kirchen aus. Die Großbauten wurden zwar akribisch in ihrem alten Erscheinungsbild restauriert, doch blieben nun im Inneren die Quader der Pfeiler und Gewölbevorlagen ungefasst, während Mauern und Gewölbe mit einer weißen Putzhaut überzogen wurden.

Mittlerweile haben wir uns so an dieses der Ästhetik der späten 1920er-Jahre verpflichtete Aussehen der romanischen Kirchen gewöhnt, dass wir diese Schlichtheit fatalerweise als original ansehen. Doch gerade ein Rundgang durch Kölns romanische Kirchen bietet die Chance, einen Eindruck vom einst farbenfrohen und reich ausgestatteten Inneren zu gewinnen. Die Holztür von Sankt Maria im Kapitol, die Fenster von Sankt Kunibert, die Mosaiken in der Krypta von Sankt Gereon, die Chorausstattung von Sankt Severin und die innere und äußere Ausmalung von Sankt Maria Lyskirchen ergeben, im Geiste in einer Kirche kombiniert, eine Ahnung, wie prachtvoll einst eine romanische Kirche ausgesehen hat. Der Weg zu ihnen lohnt sich also auf jeden Fall.

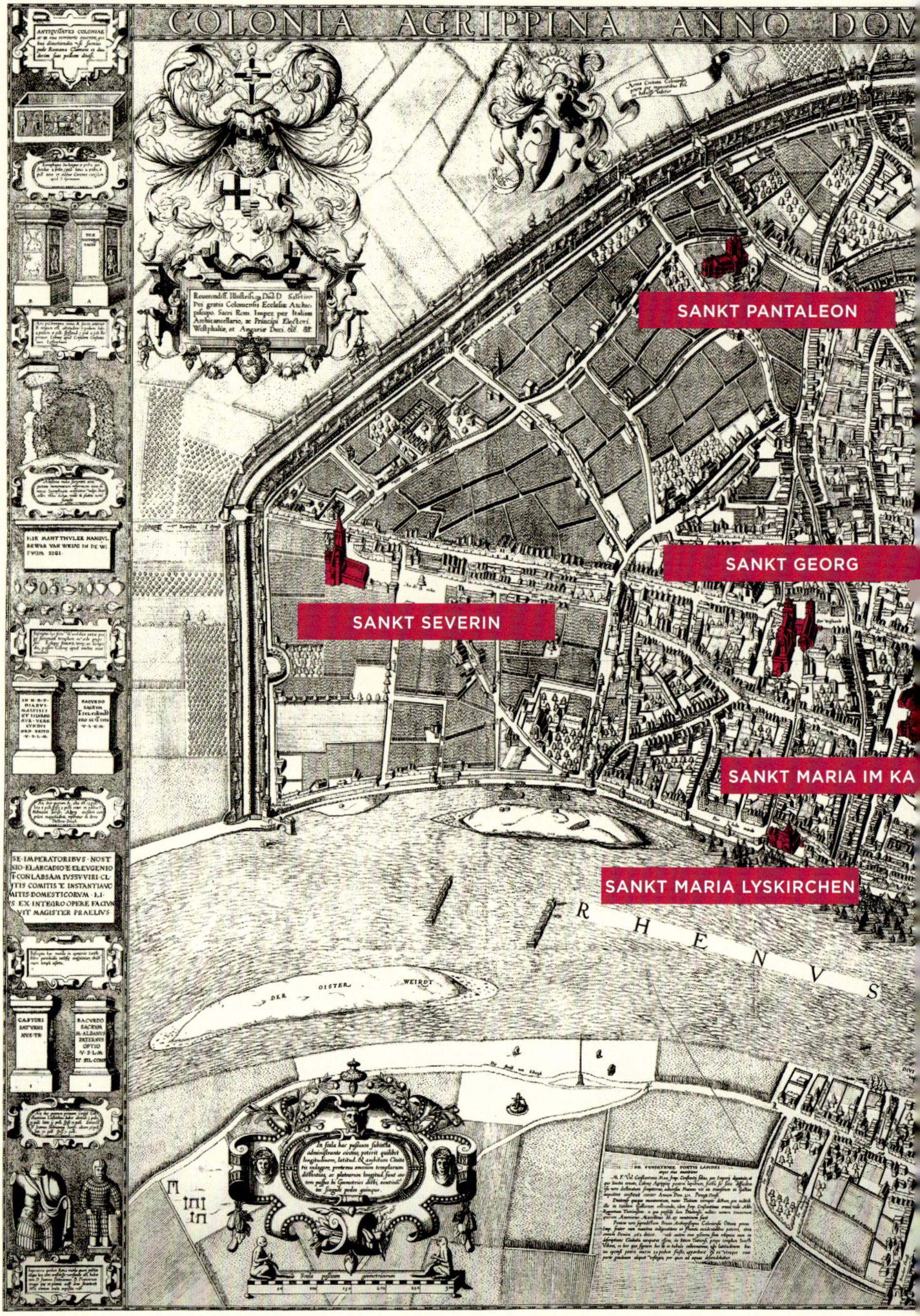
COLONIA AGRIPPINA ANNO DOM
SANKT PANTALEON
SANKT GEORG
SANKT SEVERIN
SANKT MARIA IM KA
SANKT MARIA LYSKIRCHEN
RHENVS

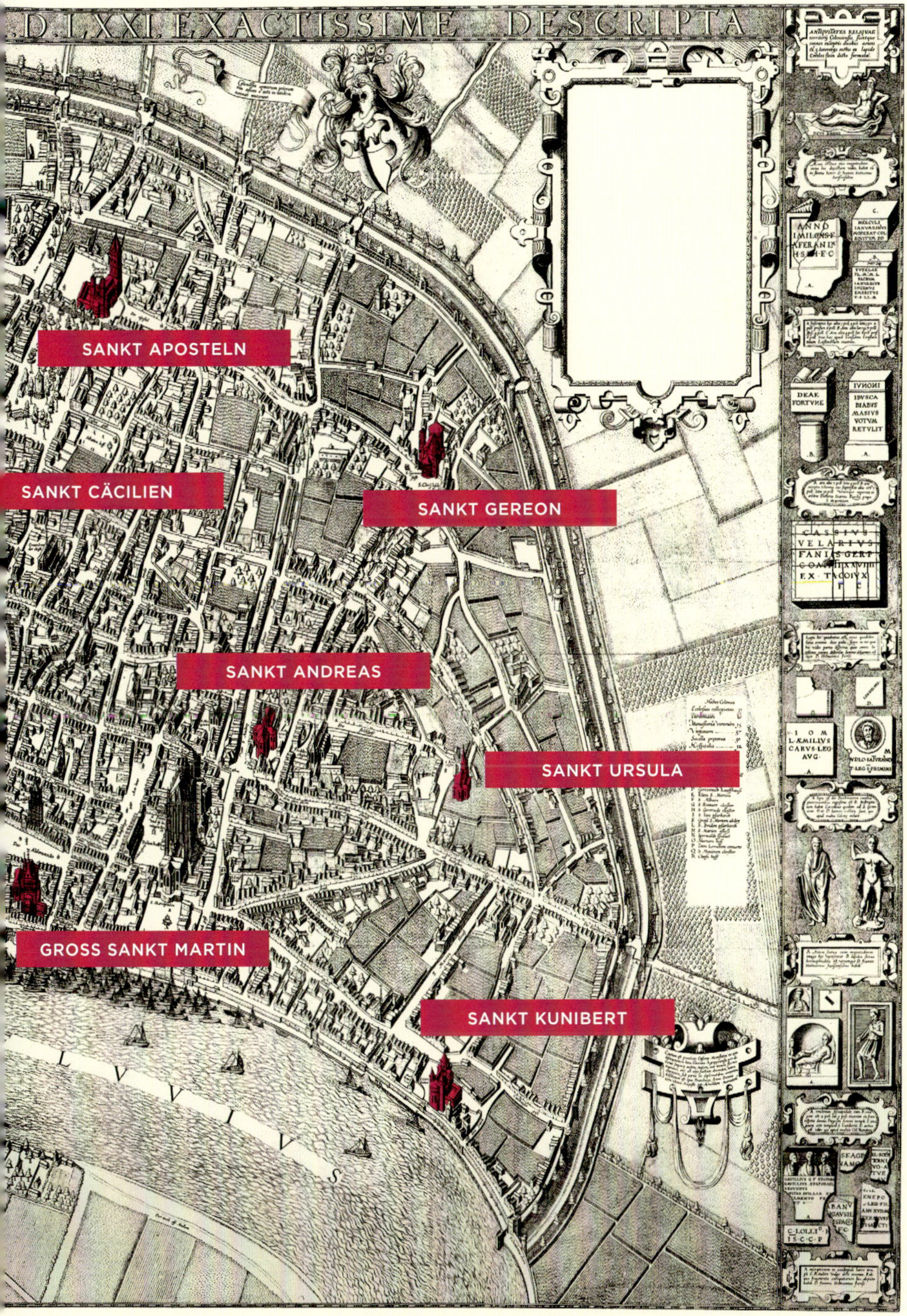

Die Vogelperspektive Arnold Mercators von 1571 zeigt Köln in seiner mittelalterlichen Gestalt mit den hervorgehobenen romanischen Kirchen.

SANKT ANDREAS

Im Schatten des Domes

Ostflügel des Kreuzgangs (heutige Vorhalle)

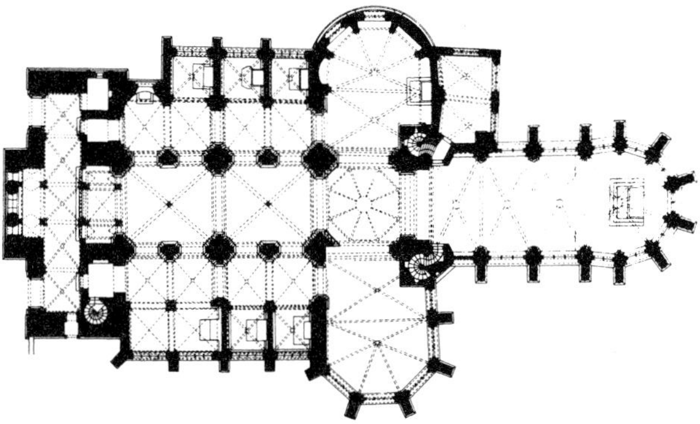

DAS BESONDERE

Sankt Andreas überrascht in seinem spätromanischen Langhaus nicht nur mit einem dekorativen Wechsel des vulkanischen Steinmaterials. Vielmehr ist sie unter den romanischen Kirchen Kölns jene mit der umfangreichsten erhaltenen Bauzier im Inneren. Einzigartig ist der als Vorhalle erhaltene Ostflügel des Kreuzgangs mit seinen maurisch anmutenden Zackenbögen. Der Chorneubau des 15. Jahrhunderts gehört zu den qualitätvollsten Zeugnissen spätgotischer Baukunst im Rheinland. Die vergleichsweise noch reichhaltige mittelalterliche Ausstattung geht überwiegend darauf zurück, dass nach der Säkularisation einige Ausstattungsstücke aus der zerstörten Dominikaner- beziehungsweise Makkabäerkirche nach Sankt Andreas gerettet werden konnten.

BAUGESCHICHTE

Die Kanonikerstiftskirche Sankt Andreas entstand wohl unter dem Kölner Erzbischof Bruno I. (Amtszeit 953–965) nahe dem antiken Nordtor, aber schon außerhalb der römischen Stadtmauer. Die ältesten noch heute sichtbaren Mauerreste gehören der Krypta des 11. Jahrhunderts an, die beim spätgotischen Chorneubau abgerissen, aber beim Wiederaufbau nach dem Zweiten Weltkrieg in modernen Formen rekonstruiert wurde. Diese salische Krypta trug einst einen Langchor,

Makkabäer-Chor mit den Lüpertz-Fenstern

ähnlich jenen in Sankt Severin, Sankt Gereon und dem Bonner Münster. 1414 entschlossen sich die Stiftsherren, den Langchor in modernen spätgotischen Formen neu zu errichten. Langhaus, Westchor und Kreuzgang entstanden wohl zwischen 1190 und 1220. Das einzige gesicherte Baudatum gilt der nördlichen Vorhalle (heute Sakristei), für die 1211 ein Kanoniker eine Stiftung tätigte. Im späten 13. und frühen 14. Jahrhundert ließ das Stift sukzessive die Seitenschiffwände ausbrechen und gotische Kapellen anfügen. Die letzte mittelalterliche Veränderung betraf im 15. Jahrhundert den Umbau des nördlichen Querarmes beziehungsweise den Neubau seines südlichen Pendants.

ARCHITEKTUR

Der Westbau zeigt sich schon außen in einer unter den romanischen Kirchen Kölns ungewöhnlichen kreuzförmigen Gestalt, da sich das Mittelschiff als Risalit nach Westen fortsetzt. Auf einen hier zu erwartenden, bekrönenden Turmbau wurde zugunsten des achteckigen Vierungsturmes verzichtet. Letzterer wurde nicht nur beim Bonner Münster, sondern auch bei der Damenstiftskirche in Düsseldorf-

Blick auf den kreuzförmigen Westbau und den Vierungsturm

Gerresheim nachgeahmt. Das Innere des Westbaus ist in zwei Bereiche aufgeteilt: Im Erdgeschoss verläuft der Ostflügel des Kreuzgangs, dessen besonderer Schmuck die in den Raum ragenden Zackenbögen sind. Vermutlich errichtete der gleiche Bautrupp, der den Kreuzgang von Sankt Andreas schuf, anschließend im Auftrag des Landgrafen von Thüringen die Doppelkapelle in Schloss Neuenburg oberhalb von Freyburg an der Unstrut. Dort findet sich die gleiche Kombination aus Zackenbögen und schlanken, vorgestellten Schiefersäulen sowie rankengeschmückten Kapitellen. Es erscheint aus heutiger Sicht völlig unverständlich, dass man noch 1843 die übrigen drei Kreuzgangflügel samt den Stiftsgebäuden abriss, zumal ein Jahr zuvor unmittelbar nebenan begonnen wurde, den Kölner Dom nach den mittelalterlichen Plänen zu vollenden.

Beim Eintritt in das mit nur zwei Mittelschiffjochen auffallend kurze, aber umso plastischer gestaltete Langhaus fällt sofort der farbliche Wechsel des Steinmaterials ins Auge. Hellgrauer Trachyt und dunkelgrauer Andesit, beide aus den Steinbrüchen des Siebengebirges herbeigeholt, ergeben ein reizvolles Streifenmuster, wie es sich nur noch im romanischen Kreuzgang der Abtei Brauweiler westlich von Köln erhalten hat. Sockel, Pfeiler sowie Gurt- und Arkadenbögen sind gleich mehrfach gestuft, was ein reiches Architekturbild ergibt. Die stark plastisch mit Blattformen, teilweise mit Adlern verzierten Kapitelle ziehen sich als schmückendes Band um den ganzen Pfeiler. Oberhalb der Arkaden verläuft als Sockel des Blendtriforiums ein ähnliches, fast freiplastisch ausgearbeitetes Band mit stilisierten Blättern. Die Wände des Seitenschiffes, die in der Gotik zugunsten der angebauten Kapellen geopfert wurden, waren als halbrunde Nischen angelegt, was später in Sankt Kunibert aufgegriffen wurde.

Blickt man vom Mittelschiff aus zurück nach Westen, so zeigt sich, dass oberhalb des Kreuzgangs der ganze Westbau als eigenständiger zweiter Chorraum zum Inneren geöffnet ist. Neben dem Ostchor stand dort oben ein zweites Chorgestühl der Kanoniker, die vom Obergeschoss der angebauten Stiftsgebäude diesen liturgischen Raum bequem erreichen konnten.

Die auffallend niedrige Vierung erklärt sich daraus, dass bei ihrem Bau noch Rücksicht auf den ähnlich hohen Langchor des 11. Jahrhunderts genommen werden musste, den das Stift zunächst beibehielt. Von den beiden spätgotischen Queramen, die chorartig gestaltet sind, zeigt

der nördliche noch einen Teil der einstigen doppelgeschossigen spätromanischen Innengliederung.

Der spätgotische Chor entstand ab 1414, dem Jahr der Vollendung der Chorhalle des Aachener Münsters, die hier vorbildhaft war. Die Wände des Langchores sind weitestmöglich zu Fensterflächen mit spätgotischem Maßwerk und horizontaler Unterteilung geöffnet. Die Kehlen- und Stabgliederung der Fenstergewände geht nahtlos in die von den Gewölberippen nach unten verlaufenden Dienste über, sodass der ganze Raum durch ein feines Spiel dieser linearen Gliederung geprägt wird. Oberhalb des Chorgestühls enden die Dienste der Längswände in Konsolen mit Propheten und musizierenden Engeln. Leider befinden sich heute anstelle der zerstörten spätgotischen Scheiben viel zu dunkle moderne Farbfenster, welche die besondere Qualität der Architektur nur noch schwer erkennen lassen.

Die in zeitgemäßen Formen der 1950er-Jahre rekonstruierte Krypta des 11. Jahrhunderts dient heute als Andachts- und Begräbnisstätte des Kirchenlehrers Albertus Magnus. Seine Überreste, die jetzt in einem wiederverwendeten römischen Sarkophag ruhen, wurden aus der benachbarten, im frühen 19. Jahrhundert abgerissenen Dominikanerkirche Heilig Kreuz hierher transferiert.

HÖHEPUNKTE DER AUSSTATTUNG

Gotische Wandmalereien

In den nachträglich an die Seitenschiffe angebauten Kapellen haben sich noch umfangreiche Reste der gotischen Ausmalung erhalten, die hier an den Ostwänden als Altarbilder fungierten. Besonders eindrucksvoll ist die fast vollständig mit Fresken verzierte nordwestlichste Kapelle. Die retabelartige Kreuzigungsdarstellung mit Heiligen und knieenden Stiftern wird oberhalb von den wichtigsten Szenen des Marienlebens begleitet. Die gegenüberliegende Westwand wird vollständig von einer Darstellung des heiligen Christophorus eingenommen, dessen Anblick zumindest für einen Tag vor dem schlechten, weil plötzlichen und unvorbereiteten Tod schützen sollte. Unterhalb des Fensters findet sich noch eine Darstellung des heiligen Georg im

Mittelschiff nach Osten

Drachenkampf, die sich teilweise sogar über die Holztür einer Wandnische hinweg fortsetzt.

Chorgestühl

Spätgotisches Chorgestühl

Unter den mittelalterlichen Kirchen Kölns besitzt außer dem Dom und Sankt Severin nur noch die Andreaskirche ein Chorgestühl. Entstanden um 1420 für den neuen spätgotischen Chor wurde leider nach dem Zweiten Weltkrieg auf das untere Podest und den Baldachin in Form einer Vierteltonne verzichtet. Immerhin blieb neben den jeweils zwei Sitzreihen die hölzerne, maßwerkgeschmückte Rückwand erhalten. Ungemein reizvoll ist der figürliche Schmuck, der nicht nur aus Propheten, Aposteln und Heiligen besteht. So zeigen die Handknäufe wie auch die Stützen der Klappsitze eine faszinierende Welt aus Pflanzen, Monstern und Tieren. Vorbildhaft dürften niederrheinische und niederländische Chorgestühle gewesen sein.

Makkabäer-Schrein

Nach dem Abriss des aufgelösten Makkabäer-Klosters gelangte der Schrein im frühen 19. Jahrhundert nach Sankt Andreas in den südlichen Querarm. 1520–1527 vom Kölner Goldschmied Peter Hanemann geschaffen ist er der jüngste unter den großen Reliquienschreinen der Stadt und präsentiert sich daher im üppigen spätgotischen Stil. Der mit vergoldeten Kupferplatten vollständig verkleidete Holzkern soll die Gebeine alttestamentarischer Märtyrer bergen, nämlich die der sieben Makkabäerbrüder und ihrer Mutter. Die Reliefs zeigen eine Gegenüberstellung der Passion Christi und der Trauer Mariens mit dem Martyrium der Makkabäerbrüder und ihrer Mutter, das hier als alttestamentarische Vorankündigung dargestellt wird.

Detail des Makkabäer-Schreines

Vesperbild

Im nördlichen Querarm befindet sich ein großes Vesperbild, das ursprünglich für die Dominikanerkirche geschaffen worden war. Es zeigt den dramatischen Moment des Abschieds Mariens von ihrem toten Sohn nach der Kreuzabnahme. Diese Darstellungsform entstand allgemein erst in der Zeit der Mystik des 14. Jahrhunderts und verbreitete sich rasch. Das Vesperbild in Sankt Andreas gehört zu den frühesten und schönsten Beispielen. Maria erscheint hier nicht als alte, arme Frau, sondern in jugendlicher Schönheit als ewige Jungfrau sowie reich gekleidet als Personifikation der Kirche, während die Jesusfigur besonders drastisch als Folteropfer dargestellt wird, um das Mitleid des Betrachters zu wecken.

Lüpertz-Fenster

Beide Querarme besitzen seit 2010 den, neben dem Richter-Fenster im Dom, bedeutendsten Beitrag moderner kirchlicher Glasfensterkunst in Köln. Die Entwürfe von Markus Lüpertz konnten dank vieler Spenden zügig umgesetzt werden. Im Gegensatz zu Richter greift Lüpertz nicht nur die Farbigkeit, sondern auch die Technik mittelalterlicher Glas-

fenster wieder auf und benutzt Bleistege wie Schwarzlotmalerei als Mittel seiner expressiven Gestaltung. Während im südlichen Querarm das Thema des Schreines mit der Gegenüberstellung der Passion Christi mit dem Martyrium der Makkabäer aufgegriffen wird, zeigen die Fenster des nördlichen Querarmes nicht nur eine Wiederholung des Vesperbildes, sondern auch Themen einer dem heiligen Albertus Magnus zugeschriebenen Predigt.

Rosenkranzaltarbild

In der westlichen Kapelle des südlichen Seitenschiffes befindet sich das ursprünglich für einen Altar der Dominikanerkirche geschaffene Rosenkranzbild. Nach dem Sieg Kaiser Friedrichs III. und seines Sohnes Maximilian über den Neuss belagernden burgundischen Herzog Karl den Kühnen gründete der Vorsteher des Kölner Dominikanerklosters als Dank für die Hilfe der Gottesmutter eine Rosenkranzbruderschaft, der Friedrich und Maximilian ebenfalls beitraten. Daher sind sie auf dem Altarbild auch in der Schar der Gläubigen unter dem schützenden Mantel Mariens gut zu erkennen. Engel halten über dem Kopf der Gottesmutter drei Kränze aus weißen und roten Rosen, Symbole der Jungfräulichkeit und des Leidens Mariens. Dass sich das Altarbild einst in der Dominikanerkirche befand, erkennt man nicht nur an den beiden Ordenspatronen Dominikus und Petrus von Mailand, sondern auch an dem Dominikanerkonvent, der sich unter den Schutz Mariens begibt.

Der Rosenkranzaltar ist ein schönes Beispiel für die besondere Marienfrömmigkeit im Spätmittelalter.

SANKT APOSTELN

Konkurrent der Kathedrale

Dreikonchenchor mit Vierungsturm

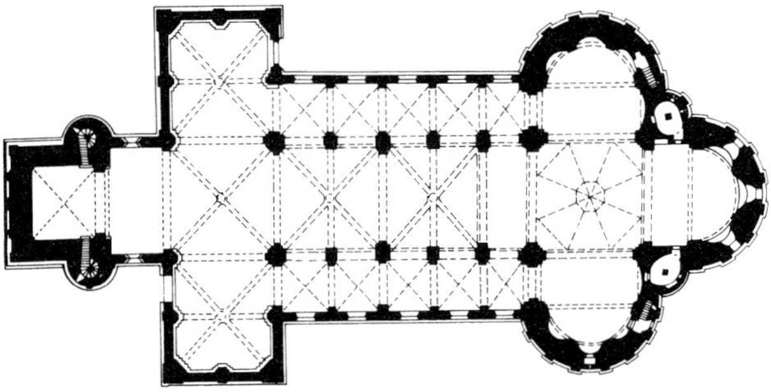

DAS BESONDERE

Sankt Aposteln bietet gleich zwei Kirchen in einer: Denn die große, vom Kölner Erzbischof Pilgrim im 11. Jahrhundert errichtete Basilika blieb fast vollständig bestehen, als die Stiftsherren an der Wende vom 12. zum 13. Jahrhundert einen großzügigen Um- und Erweiterungsbau beschlossen. Die bisher schlichten Ost- und Westabschlüsse der salischen Kirche wurden durch den großartigen Dreikonchenchor und den monumentalen Westturm glanzvoll ersetzt. Lang- und Querhaus aber erhielten im Inneren nur ein geschickt eingepasstes Vorlagensystem für das Gewölbe, das die bisherige Flachdecke ersetzte. So ist die Apostelnkirche zugleich ein hervorragendes Beispiel für einen salischen Großbau wie auch für die rheinische Spätromanik. Besonders der Außenbau des mächtigen Dreikonchenchores, der die Westseite des Neumarktes dominiert, gehört mit seinen ausgewogenen Proportionen, seiner geradezu »klassischen« Gliederung und der spannungsreichen Dreiturmgruppe zu den Höhepunkten stauferzeitlicher Architektur nicht nur in Deutschland.

Die Apostelnkirche besitzt nicht nur das Glück, beim Wiederaufbau der Umgebung nach den Zerstörungen des Zweiten Weltkrieges ihre städtebauliche Dominanz wie ihren Maßstab in den Straßen und Plätzen der unmittelbaren Umgebung nicht verloren zu haben. Als einzige unter den Kölner romanischen Kirchen blieb hier zudem das spätmittelalterliche Glockenensemble im Westturm erhalten.

Der Westturm ist der höchste romanische Turm der Stadt.

BAUGESCHICHTE

In unmittelbarer Nachbarschaft des westlichen Haupttores der römischen Stadtmauer, die bis zum Neubau der staufischen Befestigung im Verlauf der heutigen Ringe ihre Verteidigungsfunktion behielt, entstand zu unbekannter Zeit eine kleine, allen Aposteln geweihte Kirche. Erzbischof Pilgrim (Amtszeit 1021–1036), der eng mit der neuen Herrscherdynastie der Salier zusammenarbeitete, ließ an ihrer Stelle einen monumentalen Neubau errichten. Zugleich rief er ein Kanonikerstift ins Leben, das exklusiv für Pilgrims Seelenheil beten sollte. Denn von vornherein hatte er die Kirche als seine Begräbnisstätte vorgesehen. Um beim Jüngsten Gericht ganz besondere Fürsprecher zu haben, besorgte er sich in Rom die Gebeine der heiligen Märtyrer Felix und Adauctus, für die er einen prachtvollen Reliquienschrein anfertigen ließ. Als Kanzler für Reichsitalien orientierte er sich beim Neubau der Apostelnkirche an keinem geringeren Vorbild als den beiden stadtrömischen Kirchen Sankt Peter und Sankt Paul, worauf in der Architektur vor allem die ungewöhnliche liturgische Westausrichtung inklusive dem ausladenden Westquerhaus hinweist. Mit der Hervorhebung des Paulusspatroziniums des Westchores wollte er auch nach römischem Vorbild in Köln ein »Sankt Paul vor den Mauern« schaffen.

Zugleich versuchte Pilgrim damit seinen unmittelbaren Kölner Amtsvorgänger Heribert zu übertreffen, der zugleich Kanzler Kaiser Ottos III. war. Heribert hatte in den Ruinen des konstantinischen Deutzer Brückenkastells für sein Seelenheil eine Maria geweihte Benediktinerabtei errichtet, deren Kirche (anstelle der heutigen Kirche Alt-Sankt Heribert aus dem 17. Jahrhundert) dem Vorbild des römischen Pantheon folgte, das damals schon eine Marienkirche war. Pilgrim schloss mit seiner Apostelnkirche ein gedachtes Kirchenkreuz über der Stadt, dessen Arme Sankt Severin im Süden, Sankt Kunibert im Norden und Sankt Heribert im Osten bilden, alles zudem Kirchen, die einem heiligen Kölner Bischof als Grablege dienen. Trotz dieses Aufwandes erreichte Pilgrim nach seinem Tod keine Verehrung als Heiliger. Undankbarerweise entschlossen sich seine Stiftsherren in dreister Geschichtsfälschung sogar, Heribert auch für Sankt Aposteln als Gründer in Anspruch zu nehmen, was jahrhundertelang unwidersprochen blieb. Erst als man Pilgrims Grab im Westchor in der Barockzeit

Mittelschiff nach Osten

öffnete und die beigelegte, mit einer Gründerinschrift versehene Bleiplatte fand, flog diese Fälschung auf. Warum Pilgrims Stiftsherren ihm das nach seinem Tod antaten, ist nicht bekannt. Aber über irgendetwas müssen sie so massiv verärgert gewesen sein, dass sie ihren eigentlichen Gründer »vergessen« haben – ein sehr seltener Vorgang im Mittelalter.

In der zweiten Hälfte des 12. Jahrhunderts errichtete man Westchor und -krypta weitgehend neu, um sie mit dem damals höchsten Kirchturm Kölns zu überbauen. Der liturgischen Aufwertung des Maria geweihten Ostchores folgte um 1200 der Neubau der Ostteile in Gestalt des Dreikonchenchores, sodass seit dieser Zeit Ost- und Westchor mit einem annähernd gleichwertigen baulichen Aufwand ausgezeichnet waren. Anschließend ließen die Stiftsherren ab 1219 die Flachdecke ihrer Basilika durch Rippengewölbe ersetzen, wofür im Mittelschiff und Westquerhaus den beibehaltenen Wänden des 11. Jahrhunderts ein aussteifendes und stützendes Vorlagensystem vorgeblendet werden musste. Damit erhielt bis 1225/1230 die Apostelnkirche ihre endgültige Gestalt. Zeitgleich entstanden im Süden die Stiftsgebäude samt Kreuzgang neu, während dem nördlichen Kirchenportal die Vorhalle, in der die Pfarrgottesdienste abgehalten wurden, hinzugefügt wurde.

Nach der Auflösung und Enteignung des Stiftes übernahm die Pfarrei die bisherige Stiftskirche und ließ bei der ersten Restaurierung 1822–1830 die Stiftsgebäude und die nördliche Vorhalle abreißen. 1871–1897 war eine noch umfangreichere Restaurierung notwendig, die aber weit über eine statische Absicherung hinausging. Damals verschwand der mittelalterliche Außenputz zugunsten einer vermeintlich originalen Steinsichtigkeit. Die Bruchsteinwände des salischen Lang- und Querhauses ließ Architekt Heinrich Nagelschmidt mit Tuffsteinen verblenden, wie sie der Dreikonchenchor schon besaß. So wurde die Außenerscheinung zwar einheitlicher, aber die Baugeschichte ist damit nicht mehr ablesbar. Der Wiederaufbau nach den schweren Zerstörungen des Zweiten Weltkrieges war sehr langwierig und wurde erst 1975 abgeschlossen. Damals wurde die aufwendige historistische Neufassung des Innenraumes aus dem späten 19. und frühen 20. Jahrhundert bis auf ein kleines Mosaikfeld vollständig entfernt. Immerhin rekonstruierte man die Westkrypta des 12. Jahrhunderts, die in der Barockzeit zugunsten eines axialen Eingangs abgebrochen worden war.

ARCHITEKTUR

Nach dem Vorbild des Vorgängerbaus der gotischen Kölner Kathedrale ist Sankt Aposteln von Erzbischof Pilgrim als doppelchörige Kirche konzipiert worden, wobei die liturgische Hauptausrichtung nach stadtrömischem Vorbild im Westen lag. Daher befindet sich auch das ungewöhnlich stark ausladende Querhaus im Westen. Lang- und Querhaus gehen noch vollständig auf den Pilgrim-Bau zurück, auch wenn dies am Außenbau seit der Restaurierung Ende des 19. Jahrhunderts nicht mehr erkennbar ist. Die Doppelchörigkeit der Kirche ließen die Stiftsherren durch den Bau des Westturmes und des Dreikonchenchores in spätromanischer Zeit sogar noch deutlicher betonen und Teil der Stadtsilhouette werden. Der Westturm ist zur Aachener Straße hin ausgerichtet, die exakt noch dem schnurgeraden römischen Straßenverlauf folgt. Somit dominierte dieser Turm bis zur Stadterweiterung im 19. Jahrhundert die westliche Stadtansicht. Er war gleichsam Orientierungspunkt für alle von Westen heranreisenden Besucher der mittelalterlichen Metropole. Die kleine romanische Paulusfigur außen am Erdgeschoss des Westturmes verdeutlicht, dass dieser liturgische

Bereich diesem Apostel geweiht war. Der Blick nach oben zeigt, wie monumental dieser Turm mit seinen klotzartig übereinandergestapelten Geschossen gestaltet ist.

Der Außenbau des Dreikonchenchores dominiert wiederum die weite Platzfläche des Neumarktes, der in seiner Größe mindestens auf das 11. Jahrhundert zurückgeht. Bis in das frühe 19. Jahrhundert hinein verlief unmittelbar vor der Ostapsis noch die römische Stadtmauer, die hier als Abgrenzung des Stiftsbezirkes beibehalten worden war. Eine heute zugemauerte hoch gelegene Tür seitlich der Marienfigur an der Ostapsis verdeutlicht, wie hoch einst die Römermauer hier aufragte.

Im Vergleich zum Dreikonchenchor von Groß Sankt Martin, der für die Apostelnkirche vorbildhaft war, fällt auf, wie breit gelagert er hier nachgeahmt wurde. Dies erklärt sich einfach durch die Breite des salischen Langhauses, die berücksichtigt werden musste. Daher ist die Wirkung im Vergleich zu Groß Sankt Martin eine völlig andere. Es entsteht anstelle einer vertikalen mehr eine horizontale Bewegung, die dadurch unterstrichen wird, dass die Außengliederung aus Blendbögen und Zwerggalerien auch auf die vorspringenden runden Seitentürme übertragen wird. Einzigartig in der Kölner Romanik ist die Idee, die Vierung nach dem Vorbild der romanischen Kaiserdome des Oberrheins mit einem nach innen offenen achteckigen Vierungsturm zu bekrönen, der ebenfalls wie der Dreikonchenchor mit einer Zwerggalerie geschmückt ist. Einmalig innerhalb der europäischen Romanik ist allerdings der Plan, den Vierungsturm mit einer nach innen offenen Laterne abzuschließen, was wohl auf byzantinische oder armenische Vorbilder zurückgeht. Übrigens ließ sich Dominikus Böhm im 20. Jahrhundert durch diese Laterne zum ersten modernen Kirchenbau der Kölner Erzdiözese anregen, dem 1930 geweihten Zentralbau von Sankt Engelbert in Köln-Riehl.

Innen verliert der außen so großartig wirkende Dreikonchenchor im Vergleich zum dynamischer wirkenden Vorbild von Groß Sankt Martin und wirkt zu sehr in die Breite gezogen. Doch vergisst man dabei, dass der Innenraum einst eine reiche figürliche wie architektonische Farbfassung nach Fertigstellung des Rohbaus erhielt, die den Raum einst mit den Mitteln der Malerei weiter ausdifferenzierte. 1988–1993 versuchte der Glas- und Kirchenmaler Hermann Gottfried mit den Mitteln der modernen Malerei zumindest im Bereich der Gewölbe eine Neufassung. Als Pilotprojekt gestartet blieb den anderen romanischen Kirchen Kölns eine solche Neuausmalung erspart, da die modernen

Fresken in ihrer kühlen Farbigkeit und schwer lesbaren Formen weder in der Pfarrei noch außerhalb Anklang fanden.

Im Inneren des Langhauses heben sich die roten Sandsteine der Pfeiler und Arkaden des Pilgrim-Baus deutlich von dem im frühen 13. Jahrhundert vorgeblendeten Stützensystem der Gewölbe ab. Die zweigeschossige Wandgliederung und die sechsteiligen Gewölbe gehen auf nordfranzösische Vorbilder zurück. Im Westquerhaus wirkt dieses Vorlagensystem im oberen Teil deutlich frühgotisch durch die frei vor die Wand gestellten Pfeiler, die von Spitzbögen abgeschlossen werden.

Der Westchor ist als eigenständiger liturgischer Bereich nicht mehr ablesbar, da er durch die überdimensionierte moderne Orgel völlig verstellt ist. Wie die hoch gelegenen Basen der östlichen Pfeiler der Westvierung zeigen, hatte dieser Vierungsbereich ursprünglich ein höheres Fußbodenniveau. Hier stand das westliche Chorgestühl der Kanoniker und in der Mitte befand sich einst das Grab Erzbischof Pilgrims. Erst in der Barockzeit wurde dieser liturgische Westchor aufgegeben und auf ein ebenerdiges Niveau gebracht.

HÖHEPUNKTE DER AUSSTATTUNG

Im Vergleich mit der aufwendigen Architektur ist es umso überraschender, dass fast nichts mehr von der einst reichen mittelalterlichen Ausstattung der Kirche mit rund zwanzig Altären erhalten blieb. Einzig die kleinen gotischen Apostelfiguren aus Eichenholz, die einst Teil eines Altaraufsatzes waren, haben sich erhalten. Im frühen 14. Jahrhundert geschaffen, gehen sie eindeutig auf das Vorbild der Apostelfiguren im Chor des Kölner Domes zurück. Damit gehören sie zum Qualitätvollsten, was an gotischer Plastik im Rheinland erhalten ist. 1988 schuf Paul Nagel mit modernen Stilmitteln einen Aufbau, einem Altarretabel vergleichbar, um die Figuren wieder besser zur Geltung kommen zu lassen und damit dem Raum einen würdigen Abschluss zu geben. Ein kleiner Rest des einst erheblich umfangreicheren Reliquienschatzes des Apostelnstiftes, bestehend aus gotischen Reliquienbüsten und -kästchen, befindet sich in einer vergitterten Seitennische des Chores. An den östlichen Vierungspfeilern befinden sich noch zwei spätgotische Figuren der Gottesmutter und des Apostels Paulus, die an die beiden Patrozinien der einst doppelchörigen Kirche erinnern.

ölbevorlagen des Mittelschiffes

SANKT CÄCILIEN

Demonstrative Bescheidenheit

Im schlichten Innenraum präsentiert sich heute die Sammlung Schnütgen.

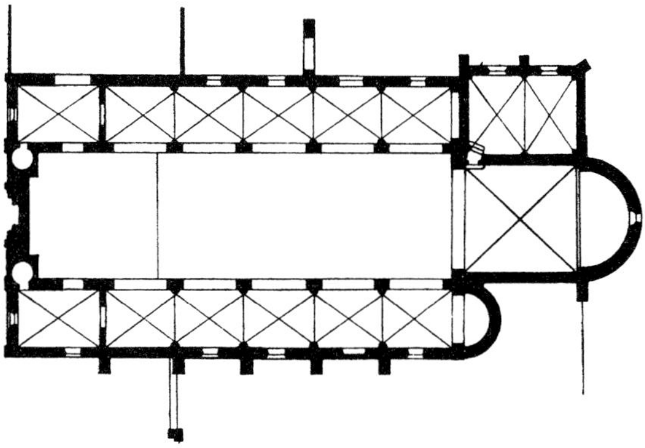

DAS BESONDERE

Im Vergleich mit den übrigen romanischen Kirchen Kölns überrascht Sankt Cäcilien durch ihre betonte Schlichtheit. Seit ihrer Umnutzung zum Schnütgen-Museum 1956 enthält die Basilika eine der bedeutendsten Sammlungen mittelalterlicher Sakralkunst, sodass ein Besuch der Kirche trotzdem überaus lohnend ist. Eine zweite Besonderheit bildet die Erhaltung der benachbarten, dem Damenstift gehörenden Pfarrkirche Sankt Peter, wodurch hier allein das bei den übrigen romanischen Stiftskirchen einst auch vorhandene Ensemble der Stifts- und Pfarrkirche zu besichtigen ist.

BAUGESCHICHTE

Ausgrabungen beim Wiederaufbau nach dem Zweiten Weltkrieg ergaben, dass sich Sankt Cäcilien und Sankt Peter auf dem südwestlichen Areal der römischen Hauptherme Kölns erheben. So erklärt sich die für mittelalterliche Verhältnisse ungewöhnlich exakte parallele Ausrichtung der beiden Kirchenbauten schlicht aus der Weiterbenutzung der antiken Fundamente. Ende des 9. Jahrhunderts entstand in den römischen Ruinen ein erster Kirchenbau, den die Kölner Erzbischöfe Wichfried (Amtszeit 924–953) und Bruno I. (Amtszeit 953–965) nach

Das einstige Hauptportal mit dem sogenannten Fränkischen Bogen

Gründung des Damenstiftes erweitern ließen. Ein Teil der Krypta und ein Bogen des Kreuzgangs blieben aus dieser Zeit erhalten. Die heutige Cäcilienkirche hingegen ist ein Bauwerk der zweiten Hälfte des 12. Jahrhunderts. Nachdem 1475 Augustiner-Chorfrauen das Damenstift übernahmen, ließen sie das Mittelschiff einwölben, die Krypta zuschütten und die Klostergebäude neu im Westen errichten. Nach der Säkularisation blieb Sankt Peter als Pfarrkirche nur deshalb erhalten, da die Cäcilienkirche nun dem in den ehemaligen Klostergebäuden angesiedelten städtischen Krankenhaus als Kapelle diente. Mit dem Neubau des Krankenhauses wurde 1849 die Ausdehnung des Westchores reduziert und anschließend eine schlichte, neuromanische Westfassade errichtet. Beim Wiederaufbau nach dem Zweiten Weltkrieg verzichtete man auf die Rekonstruktion der spätgotischen Gewölbe.

ARCHITEKTUR

Obwohl das Damenstift reich war, leistete es sich als Neubau in der zweiten Hälfte des 12. Jahrhunderts eine innerhalb der rheinischen Romanik auffallend schlichte Basilika. Der einzige Grund dieser demonstrativen Bescheidenheit könnte darin liegen, dass sich das Stift zur Bauzeit an den damaligen Kirchen der Reformorden der Prämonstratenser und Zisterzienser orientierte, um einer inneren Geisteshaltung Ausdruck zu verleihen. Nur die Apsis weist mit ihren Kalksintersäulen aus Abbruchmaterial der römischen Eifelwasserleitung einen besonderen Schmuck auf. Die heute zugesetzte runde Öffnung im Scheitel der Apsis ermöglichte wohl eiligen Pilgern im Vorbeigehen einen Blick auf den Reliquienschrein des heiligen Kölner Bischofs Evergisil, der einst hinter dem Hochaltar stand. Zugleich sollte die Aura des Heiligen auch auf den hier befindlichen Friedhof ausstrahlen.

In der Mitte des nördlichen Seitenschiffes befindet sich das Hauptportal der Kirche, dessen Tympanon das fast vollplastische Relief der Kirchenpatronin zeigt, die von einem herabschwebenden Engel die (verlorene) Krone des ewigen Lebens erhält. Begleitet wird Cäcilia hier von ihrem Verlobten und dessen Bruder, die sie der Legende nach zum

Romanische Apsis und spätgotische Sakristei

christlichen Glauben bekehrt hat. Die Inschrift lobt die im Stift gelebte Jungfräulichkeit als sichere »Eintrittskarte« in das Paradies. Das im Museum Schnütgen aufbewahrte Original des Tympanons zeigt auf der Rückseite, dass die romanischen Reliefs aus wiederverwendeten römischen Grabsteinen gemeißelt wurden. Das Bogenfeld blieb deshalb so gut erhalten, da es bis in das 19. Jahrhundert hinein von einer Vorhalle geschützt war. Beim Abriss der Vorhalle legte man den rechtwinklig zum Seitenschiff stehenden sogenannten Fränkischen Bogen frei. Obwohl er in römischer Technik aus einem Wechsel von Tuff- und Ziegelsteinen gemauert ist und er auf römischen Fundamenten steht, datiert ihn die Forschung in das 10. Jahrhundert. Er wird als Teil des ottonischen Kreuzgangs gedeutet, der nördlich der Kirche gelegen haben soll.

Die benachbarte Pfarrkirche Sankt Peter ist ein spätgotischer Neubau in Form einer Emporenbasilika, besitzt aber noch einen romanischen Glockenturm. Das Portal im südlichen Seitenschiff der Cäcilienkirche war ursprünglich durch einen doppelgeschossigen Gang mit Sankt Peter verbunden, wobei die Stiftsdamen über den oberen Gang auf die nördliche Empore der Pfarrkirche gelangen konnten. Bis zum Ende des Damenstiftes hatten die Äbtissinnen das Recht, sich im Chor der Peterskirche begraben zu lassen. Im Mittelfenster der wertvollen spätgotischen Chorverglasung erscheint daher als Stifterin eine Äbtissin von Sankt Cäcilien, Elisabeth von Manderscheid. Die Eifeler Verwandtschaft der Äbtissin beauftragte übrigens die ausführende Kölner Werkstatt dieser Glasfenster mit bedeutenden Aufträgen in Schleiden, Steinfeld und Mariawald.

Auch das Innere der Cäcilienkirche überrascht durch seine betonte Schlichtheit. Nur die Arkaden des Mittelschiffes sind aus Trachytquadern errichtet. Allein Seitenschiffe und Chor ließen die Damen mit Gewölben versehen. Das Mittelschiff hingegen erhielt nur eine Flachdecke, während im Rheinland zeitgleich fast jede Dorfkirche eingewölbt wurde. Über einer zum Mittelschiff offenen Westkrypta erstreckt sich der Chor der Stiftsdamen. Die Vorkragung der Brüstung diente einst einem Altar zur Aufstellung. Am interessantesten ist im Kircheninneren die Krypta, die aus zwei Teilen besteht, was sich am unterschiedlichen Niveau und den verschiedenen Formen der Stützen ablesen lässt. Eine Besonderheit ist der aus runden und quadratischen Platten bestehende Ziegelboden der hinteren Krypta, die noch zum Kirchenbau des 10. Jahrhunderts zählt. Die Platten entstammen tatsächlich den Ruinen der hier gelegenen römischen Thermen und trugen dort einst, zu kleinen Pfeilern gestapelt, den beheizbaren Unterboden.

Leider blieb von der einstigen Ausstattung der Cäcilienkirche vor Ort nichts erhalten. Eine Beschreibung der hier aufgestellten, absolut sehenswerten kirchlichen Kunst der Sammlung Schnütgen würde den Rahmen des Kurzführers sprengen.

Der Plattenboden der romanischen Krypta besteht aus wiederverwendeten Ziegeln einer römischen Fußbodenheizung.

SANKT GEORG

Vom Mittelalter in die Moderne

Kalksintersäulen und reich gearbeitete Kapitelle im Westchor

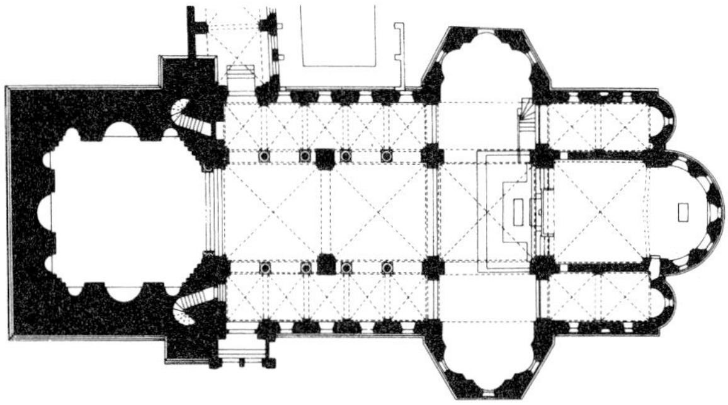

DAS BESONDERE

Die ehemalige Stiftskirche Sankt Georg ist gleich aus drei Gründen besuchenswert: Sie ist zum einen die einzige erhaltene Säulenbasilika des Rheinlandes, gestiftet vom machtbewusstesten Kirchenfürsten des mittelalterlichen Köln. Zum anderen gehört der in der Spätromanik neu errichtete Westchor zu den monumentalsten und eigenwilligsten Bauschöpfungen dieser an origineller Architektur nicht gerade armen Epoche. Schließlich ging die Ende der 1920er-Jahre durchgeführte Restaurierung sowohl ästhetisch als auch liturgisch bahnbrechend neue Wege und wurde prägend für das heutige Erscheinungsbild der meisten romanischen Kirchen bei dem Wiederaufbau nach dem Zweiten Weltkrieg.

BAUGESCHICHTE

Das Areal, auf dem sich die Georgskirche erhebt, lag in römischer Zeit unmittelbar vor dem Südtor der antiken Metropole. Der Straßenname Hohe Pforte, eine Verlängerung der Hohe Straße und damit der wichtigsten innerstädtischen Nord-Süd-Achse, erinnert bis heute daran. Der schnurgerade Verlauf der Severinstraße folgt bis heute der vom Südtor ausgehenden römischen Fernstraße nach Bonn. Beiderseits

Die Sandsteinsäulen des Mittelschiffes wurden römischen Ruinen entnommen.

Gesamtanlage aus Kirche, Vorhalle und modernen Anbauten

der Straße erstreckte sich in der Antike eine vorstädtische Siedlung, die nahtlos in das südliche Gräberfeld der Stadt überging. Der einst im späteren Stiftsareal stehende sogenannte Annoturm war vermutlich der mittelalterlich umgenutzte Rest eines runden römischen Grabbaus. Ausgrabungen brachten unter der Georgskirche Mauerreste einer antiken Straßenpolizeiwache zum Vorschein. In merowingischer Zeit erbaute man aus der Ruine der Wachstation eine dem heiligen Caesarius von Terracina geweihte Kirche. Erzbischof Anno II. von Köln (Amtszeit 1056–1075) gründete hier ein Kanonikerstift, das er reich ausstattete und dem er 1059–1067 die heutige Georgskirche erbaute. Mitte des 12. Jahrhunderts ließen die Stiftsherren die Flachdecke ihrer Kirche durch steinerne Kreuzgratgewölbe ersetzen. Ein späterer bischöflicher Mäzen, dessen anonymes Grab inmitten des Westchores gefunden wurde, errichtete diesen Bauteil um 1180 völlig neu. Vermutlich verhinderte ein allzu früher Tod des Stifters den weiteren geplanten Ausbau des Westchores zu einem hochragenden Turm.

1802 wurde auch das Georgsstift enteignet, aufgelöst und die Stiftskirche der Pfarrei zur weiteren Nutzung übergeben. Da die Pfarrgemeinde nur die Georgskirche erhalten konnte, ließ sie im frühen 19. Jahrhundert die unmittelbar nördlich gelegene Pfarrkirche Sankt Jakobus abreißen. Damit verschwand eine der beeindruckendsten Doppelkirchenanlagen des mittelalterlichen Köln.

Nachdem die Georgskirche in den 1920er-Jahren dem Einsturz nahe war, begann der damalige Pfarrer Heinrich Fabry eine grundlegende, vor allem auch ästhetisch bahnbrechende Restaurierung (siehe unten). Damals errichteten die Architekten Clemens Holzmeister und Wilhelm Schorn die wohl in der Barockzeit abgebrochenen Querarme nach den aufgefundenen Fundamenten wieder neu mit eigentümlich abgeschrägten Mauern. Als letzte unter den romanischen Kirchen Kölns wurde Sankt Georg im Zweiten Weltkrieg schließlich beim Schlussbombardement am 2. März 1945 schwer zerstört. Pfarrer Heinrich Fabry fand dabei mit einigen seiner Pfarrmitgliedern in der Kirche den Tod und wurde im kreuzgangartigen Ehrenhof bestattet. Bis 1964 war der Wiederaufbau abgeschlossen, der weitgehend dem Restaurierungskonzept der 1920er-Jahre folgte.

ARCHITEKTUR

Der Zugang zur Kirche erfolgt durch den ehemaligen Verbindungsgang von der Stifts- zur benachbarten Pfarrkirche. Der Korridor entstand Mitte des 16. Jahrhunderts und ist damit eines der heute seltenen Bauwerke der Renaissance in Köln. Heute wird dieser Eingangsbereich zusätzlich als Verehrungsstätte des heiligen Judas Thaddäus genutzt, wie die vielen Votivtafeln bezeugen.

Das Langhaus der dreischiffigen Basilika wird von roten Sandsteinsäulen gestützt, die aus römischen Ruinen Kölns stammen. Die unschön zwischen die Säulen gesetzten Pfeiler sind eine nachträgliche Veränderung, die rund einhundert Jahre nach der Erbauung der Kirche vollzogen wurde. Sie dienen zur Abstützung der Gurtbögen des Mitte des 12. Jahrhunderts eingezogenen Kreuzgratgewölbes. Dadurch mussten auch die vorher gleichmäßig verteilten Obergadenfenster zusammenrücken, um unter den Schildbögen des Gewölbes Platz zu finden. Ursprünglich besaß das Mittelschiff eine flache Holzdecke. Anfang des

20. Jahrhunderts konnten bei Restaurierungsarbeiten im oberen Bereich des Mittelschiffes Reste eines Mäanderfrieses und großer Heiligenfiguren in Freskomalerei aus der Erbauungszeit festgestellt werden. Der Chorbereich, der fast zeitgleich mit dem Dreikonchenchor der benachbarten Damenstiftskirche Sankt Maria im Kapitol emporwuchs, bietet eine ganz andere Art der Gestaltung des Ostbereichs. Über einer fünfschiffigen Krypta wird das Chorquadrat von zwei seitlichen Nebenchören begleitet, sodass drei Apsiden in den östlich liegenden Kreuzgang ragten. Die nachträgliche Einwölbung auch des Chor-

Innengliederung des Westchores

bereichs im 12. Jahrhundert führte dazu, dass die Nebenchöre nun durch Mauern vom Hauptchor abgetrennt wurden. Die Obergadenwände verzierte man mit einigen Kalksintersäulen. Nach Abschluss der Einwölbung erhielt der Innenraum eine neue Ausmalung.

Die Querarme, die Ende der 1920er-Jahre auf den damals freigelegten Fundamenten neu aufgemauert wurden, enden nicht, wie sonst üblich, mit einer geraden Wand. Vielmehr sind die Wände der Querarme abgeschrägt und innen mit großen Nischen versehen. Diese ungewöhnliche Gestaltung lässt zusammen mit dem säulengestützten Langhaus an das Vorbild der Kirchen Ravennas denken. Der Erbauer der Georgskirche, Erzischof Anno II. von Köln, war zugleich Kanzler für das damals zum Reich gehörende Oberitalien. In dieser Funktion war er mehrfach in Ravenna und könnte sich dort die Anregung für seine Kirchenstiftung geholt haben.

Um 1180 ersetzte man den Westchor des 11. Jahrhunderts durch einen erheblich größeren und monumentaleren Neubau, mit dem man sogar die bisher noch genutzte römische Straße überbaute. Seitdem musste der ansonsten gerade Verlauf des wichtigen Verkehrsweges einen Knick um den Westchor machen. Überliefert ist, dass Fußgänger die Seitenschiffportale als Abkürzung durch die Kirche nutzten, weshalb die Stiftsherren vom Erzbischof aufgefordert wurden, doch etwas mehr Sorgfalt auf ihren Chorgesang zu legen, um bei den Durchlaufenden keinen Spott hervorzurufen.

Von außen betrachtet erinnert der Westchor mit seinen mächtigen, ungegliederten Mauern aus Trachytquadern mehr an einen staufischen Burgturm, wie er zum Beispiel in Nideggen erhalten ist, denn an eine Kirche. Die ungewöhnliche Mauerdicke von dreieinhalb Metern trägt zusätzlich zum Eindruck eines Wehrbaus bei. Völlig gegensätzlich ist der Eindruck im Inneren. Allein schon die hochragende, weit gespannte Hängekuppel verleiht dem Raum eine große Leichtigkeit. Die vollständige Durchgliederung der Wände in Nischen unten und Laufgang mit Fenstern oben verstärken diesen Eindruck. Die schlanken eingestellten Säulen bestehen aus Kalksinter der römischen Wasserleitung, wobei einige Schäfte aus unverständlichen Gründen schwarz überstrichen sind. Sehr bemerkenswert sind die qualitätvollen Kapitelle, deren Ranken fast freiplastisch ausgearbeitet sind. Die romanischen Bildhauer nutzten hierfür Kalksteine, die sie römischen Ruinen Kölns entnommen hatten. Einer der eindrucksvollsten Rundbögen der deutschen

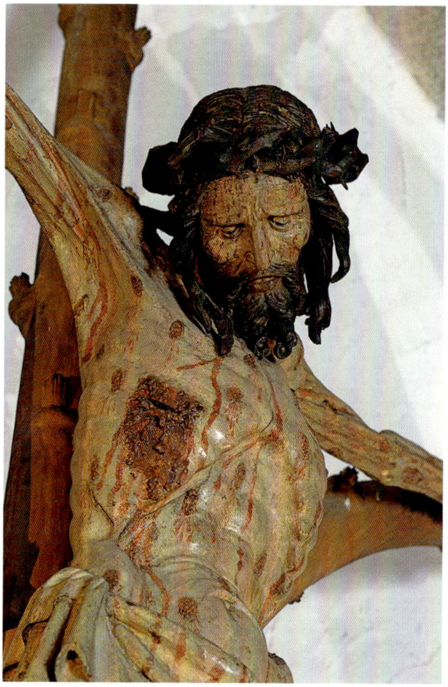

Sogenanntes Pestkreuz

Romanik öffnet in mehreren Stufen die Mauerdicke hin zum Mittelschiff. Außen musste der Baumeister mächtige Strebepfeiler anlegen, um diesen Bogen zu stützen. Diese Strebepfeiler, eigentlich ein Kennzeichen der Gotik, zählen zu den ältesten in der deutschen Baukunst.

Man wagt sich kaum vorzustellen, wie wirkungsvoll der über den dicken Mauern geplante, aber nicht ausgeführte Turmaufbau des Westchores geworden wäre. Er hätte die gesamte Achse der Severinstraße beherrscht. Ähnlich wie der Turm von Sankt Aposteln an der Aachener Straße, hätte er die von Süden Heranreisenden auf die Bedeutung Kölns im Hochmittelalter eingestimmt.

HÖHEPUNKTE DER AUSSTATTUNG

Romanisches Kreuz

Blickfang im Chorbereich ist der fast lebensgroße Torso des Gekreuzigten. Das Original befindet sich im Museum Schnütgen, während in Sankt Georg seit 1930 eine Kopie zu sehen ist. Erzbischof Anno II. ließ dieses Kreuz zur Vollendung der Kirche 1067 anfertigen. Im Kopf Christi befanden sich ursprünglich Reliquien, um den Heilscharakter

Westchor mit Pestkreuz und Taufbecken

des Kreuzes zusätzlich zu betonen. Bewundern wir heute die expressive Gestaltung, so sah das Ganze nach seiner Herstellung einst ganz anders aus. Denn eine reiche Farbfassung, die in Resten nachgewiesen werden konnte, modulierte das Holzbildwerk ganz entscheidend. Auch die Augen waren bemalt und als geöffnet gekennzeichnet und blickten so den Gläubigen direkt an.

Pestkreuz

Die Georgskirche bildet die seltene Gelegenheit, die geradezu kontrastierende Auffassung des Gekreuzigten in der Romanik und der Gotik direkt zu vergleichen. Denn im Westchor befindet sich ein Gabelkruzifix aus der Zeit um 1400, welches das Leiden Christi als gefolterten und gekreuzigten Menschen in aller Drastik vor Augen führt. Das Erlöste des romanischen Christus wird hier geradezu ins Gegenteil verkehrt. Der Betrachter soll hier zum Mitleiden aufgefordert werden, um den Preis des Erlösungstodes Christi stärker zu fühlen.

Taufstein

Inmitten des Westchores befindet sich noch einer der ganz wenigen romanischen Taufsteine, die sich in Köln erhalten haben. Das mächtige Rund aus Trachyt ist mit einer Rundbogenarkade auf Halbsäulen geschmückt.

Glasfenster

Ein besonderer Schmuck der Kirche sind die als Ensemble geschaffenen, starkfarbigen, expressiven Fenster. Jan Thorn Prikker schuf sie 1930–1932 als sein letztes großes Werk. Nach der erheblichen Zerstörung im Zweiten Weltkrieg konnten sie nach den erhaltenen Vorlagen neu geschaffen werden. Sie bilden den glanzvollen Auftakt moderner Kirchenfenstergestaltung im Rheinland und gehören zum Qualitätvollsten an zeitgenössischer Glaskunst in Kölner Kirchen. Die Fenster im Chor und Querhaus sind rein abstrakt gehalten, während in den Seitenschiffen christliche Symbole eingearbeitet sind, um schließlich im Westchor die großen Figuren der Heiligen Georg, Anno und Jakobus zu präsentieren. Diese Fenster sind ein wesentlicher Bestandteil des radikal modernen Restaurierungskonzeptes, das von 1927–1930 in der Georgskirche verwirklicht wurde. Damals entschied sich der Architekt Clemens Holzmeister im Geist des Bauhauses alle farbigen Wandputze abzuschlagen. Nur eine dünne Lasur über den Wand- und Gewölbesteinen sollte deren rauhe Struktur durchscheinen lassen. Alle Werksteinglieder blieben steinsichtig. Als Farbakzent waren allein die Glasfenster vorgesehen. Das Kruzifix des 11. Jahrhunderts wurde in Kopie im Chorbogen aufgehängt, da sein abgelaugter, expressiver Holzkörper bestens in die damalige Kunststimmung passte. Im Zuge der damals vor allem von der Abtei Maria Laach propagierten liturgischen Bewegung versuchte Pfarrer Fabry mit einem zusätzlichen Volksaltar und einer Zelebration hin zur Gemeinde neue Wege zu gehen, wie sie nach dem Zweiten Vatikanischen Konzil schließlich Standard in allen katholischen Kirchen geworden sind. Der Geist der Restaurierung der Georgskirche Ende der 1920er-Jahre prägte stilbildend den Wiederaufbau der romanischen Kirchen insgesamt.

Der besondere Schmuck der Kirche sind die expressiven Fenster von Jan Thorn Prikker.

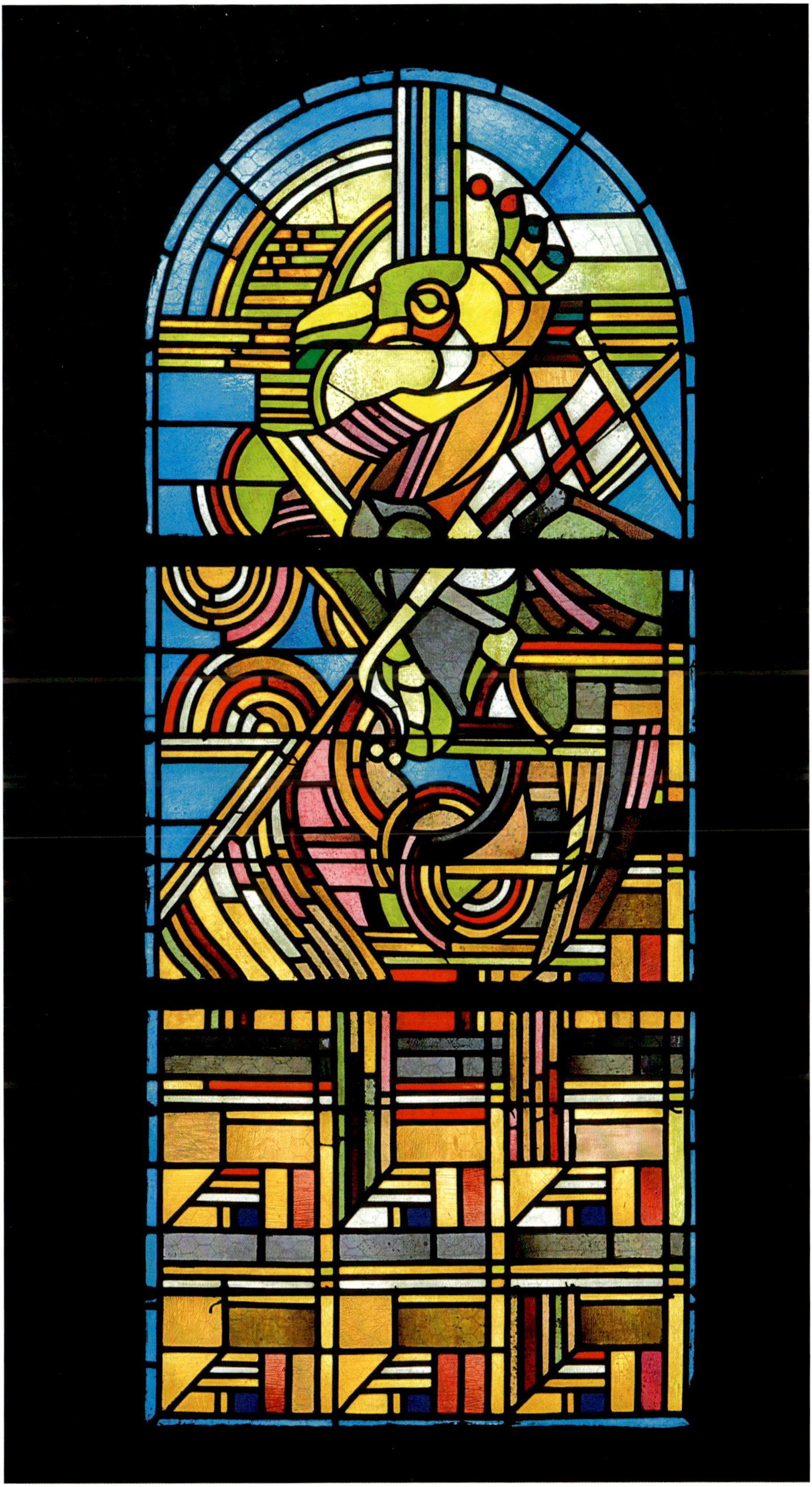

SANKT GEREON

Kuppelbau der Superlative

Chorfassade und Kuppelbau

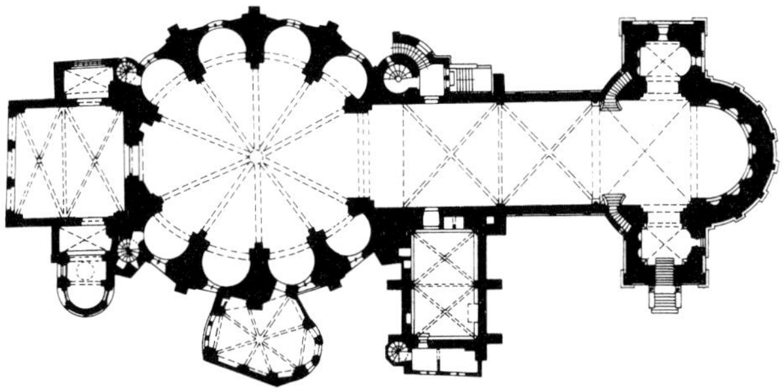

DAS BESONDERE

Sankt Gereon ist dank seiner einzigartigen Verbindung eines spätantiken Ovalbaus und eines spätromanischen Kuppelaufbaus nicht nur die mit Abstand Bedeutendste unter den zwölf romanischen Kirchen Kölns. Vielmehr kann sie zu den ungewöhnlichsten Bauwerken dieser Epoche in ganz Europa gezählt werden. In Deutschland einzigartig ist auch der Mosaikboden des 12. Jahrhunderts in der Krypta. Eine gute Vorstellung vom Ausmalungsreichtum der spätromanischen Epoche vermitteln die Fresken in der Taufkapelle. Die alte Sakristei wiederum, die von Baumeistern der Kölner Dombauhütte errichtet wurde, zählt zu den qualitätvollsten Kleinräumen nicht nur der rheinischen Gotik.

BAUGESCHICHTE

Etwas außerhalb der römischen Stadtmauer Kölns entstand in der zweiten Hälfte des 4. Jahrhunderts auf einem Gräberfeld ein monumentaler Ovalbau mit Apsiden, der mit seinem einst überreichen Schmuck auch in Rom noch Bewunderung gefunden hätte. Selbst der Chronist Gregor von Tours erwähnt Ende des 6. Jahrhunderts diesen Bau, der mittlerweile zur Kirche eines bedeutenden Märtyrerkults umfunktioniert worden war, mit dem Beinamen »Zu den goldenen Heiligen«.

Spätromanischer Innenraum des Kuppelbaus mit spätantikem Erdgeschoss

So gab es nicht nur einen farbigen Mosaikfußboden. Auch die Wände waren mit Marmorinkrustationen, Stuck und Goldmosaiken geschmückt, die vermutlich auch die Gewölbe überdeckten. Um die Gewölbe der Seitennischen möglichst leicht zu konstruieren, fügte der römische Baumeister große, bauchige Amphoren in den römischen Zement ein. Einige dieser Amphoren sind in der Krypta zu sehen, nachdem sie beim Wiederaufbau nach dem Zweiten Weltkrieg freigelegt worden waren. Vermutlich war auch der Ovalraum ursprünglich mit einem Gewölbe in spätantiker Leichtbauweise aus ineinandergesteckten Tonröhren überdeckt. Noch im 14. Jahrhundert war die stiftseigene Überlieferung präsent, dass Karl der Große einst die antiken Säulen, welche den römischen Ovalbau schmückten, für den Bau seiner Pfalzkapelle nach Aachen abtransportieren ließ. Bis heute rätselt die Forschung, wer wann genau und zu welchem Zweck diesen herrscherlichen Bau an der Grenze des römischen Weltreiches errichten ließ. Zu einem Kirchenbau wurde das Oval aber erst in Zweitverwendung in nachantiker Zeit.

1069 weihte Erzbischof Anno II. von Köln (Amtszeit 1056–1075) den Langchor samt Krypta ein, den er östlich an den antiken Ovalbau anfügen ließ. Zu dieser Baumaßnahme wurde er ganz handgreiflich durch einen Albtraum motiviert, in dem ihm die angeblich in der Gereonskirche bestatteten Märtyrer erschienen und ihn verprügelten, weil er sich nicht genügend um ihre würdige Verehrung gekümmert hätte. Erzbischof Arnold von Wied I. (Amtszeit 1151–1156) erweiterte den Langchor durch eine doppeltürmige Chorfassade mit Ostapsis, damit die Kirche zur Stadt hin eine ihrer Bedeutung entsprechende architektonische Gestalt erhielt. 1219–1227 fand dann der Ausbau des antiken Ovalraumes zu einem zehneckigen, mit einer Rippenkuppel bekrönten Langhaus statt. Damals hielten die Stiftsherren den Ovalraum für ein von der heiligen Kaiserin Helena, Mutter Konstantins des Großen, errichtetes Bauwerk,

Blick in den 34 Meter hohen, zehneckigen Kuppelbau

das trotz Modernisierung unbedingt weitgehend erhalten bleiben sollte. Schließlich fügten sie noch die 1245 samt Ausmalung vollendete Taufkapelle und bis 1319 die gotische Sakristei hinzu, die wunderbares Maßwerk und den rekonstruierten bunten Fliesenfußboden zeigt.

Nach dem Abbruch der aufwendigen Stiftsgebäude im frühen 19. Jahrhundert als Folge der Säkularisation brachte der Zweite Weltkrieg eine zweite Zerstörungswelle. Ein hölzernes Stützgerüst, dass damals im Inneren zur Absicherung eingebaut worden war, brannte völlig aus und beschädigte nicht nur das Mauerwerk, sondern vernichtete auch wertvolle Ausstattungsstücke wie das Chorgestühl und die Renaissanceorgel. Ein schwerer Bombentreffer riss schließlich noch den Kuppelbau im Nordwesten von oben bis unten völlig auf. Der langwierige Wiederaufbau war erst 1984 abgeschlossen.

ARCHITEKTUR

Auf dem Platz vor der Westseite der Kirche fallen einige Mauerreste auf. Sie gehören zum arkadengesäumten Atrium des Ovalbaus, der nach der Einrichtung des Stiftes in karolinigscher Zeit einfach zum Kreuzgang umgenutzt werden konnte. So bietet dieses Areal ein anschauliches Beispiel dafür, dass die mittelalterliche Kreuzgangarchitektur aus antiken Atrien entwickelt wurde. Interessant sind auch die bei einer Ausgrabung freigelegten steinernen Regenrinnen aus römischer Zeit, die das Wasser aus dem Atrium ableiteten.

Die romanische Krypta besitzt noch Reste der gotischen Ausmalung.

Beim Blick hoch zum zehneckigen Kuppelbau fällt auf, dass der oder die Baumeister schon eingehende Kenntnisse zeitgenösssischer nordfranzösischer Bauten hatten, wie die frühgotischen Spitzbogenfenster mit Plattenmaßwerk und vor allem die schlanken Strebepfeiler mit Strebebögen zeigen. Letztere gehören neben denjenigen am Langhaus des Bonner Münsters zu den frühesten, die in Deutschland verwendet wurden. Der spätromanisch-rheinischen Architektur ist wiederum die umlaufende Zwerggalerie verpflichtet.

Beim Eintritt in die Vorhalle informiert die Inschrift über dem Portal über eine erstaunliche Anzahl an hier angeblich bestatteten Märtyrern der legendären Thebäischen Legion, deren Anführer der heilige Gereon gewesen sein soll. Im 12. Jahrhundert machte sich sogar der heilige Norbert von Xanten auf die Suche nach den heiligen Gebeinen, da er für seinen gerade neu gegründeten Orden der Prämonstratenser reichlich Reliquien benötigte. Er griff mit einigen Helfern beherzt zum Spaten und fand unter dem Kirchenboden einige Sarkophage von mit Schwertern und in reichen Gewändern beigesetzten Männern, die er kurzerhand zu Gereon und Gefährten erklärte. Dabei dürfte es sich aus heutiger Sicht aber um die Bestattungen von Mitgliedern der merowingischen Unterkönige Kölns gehandelt haben, die sich nebst Verwandtschaft bevorzugt in der Gereonskirche begraben ließen. Insgesamt erlebten die mittelalterlichen Besucher die Kirche als steinernes Reliquiar, wurden doch in hoch hängenden Vitrinen Hunderte von Schädeln der angeblichen Märtyrer präsentiert, während die übrigen Gebeine in Sarkophagen im Kirchenraum verwahrt wurden.

Beim Eintritt aus der dunklen Vorhalle in den lichtvollen Kuppelraum wird der Blick unwillkürlich in die Höhe gezogen, die mit 34 Metern erstaunlich ist. Aber man orientierte sich damals schon an den nordfranzösischen Kathedralen, die in neue Dimensionen vorstießen. Das Innere überrascht durch seine reiche Gliederung, die sich ebenfalls an diesen Vorbildern orientierte. Der große Unterschied ist aber die Übertragung eines solchen Gliederungssystems von einer stan-

Ein Märtyrer der Thebäischen Legion aus der romanischen Apsisausmalung

dardmäßig dreischiffigen Basilika auf den in Sankt Gereon vorgegebenen Ovalraum, was zu einer einzigartigen Lösung führte. Allerdings wird das heutige Erscheinungsbild erheblich gestört durch die fleckigen Verfärbungen der vollständig erneuerten steinernen Oberfläche, die leider nicht im mittelalterlichen Sinne wieder verputzt und farbig gefasst wurde, da man die Wirkung der Meistermann- und Buschulte-Fenster nicht beeinträchtigen wollte. Ein Blick hin zu der den Langchor abschließenden Apsis mit ihrer romanischen Ausmalung verdeutlicht, wie bunt ausgemalt man sich das Innere des Kuppelbaus vorzustellen hat. Auch ein Blick in die ebenfalls als Zentralbau konzipierte Taufkapelle führt vor Augen, wie flächendeckend und farbenfroh der Freskenschmuck ursprünglich war.

Das Erdgeschoss des Kuppelraumes hat auf jeder Seite noch je vier Apsiden des spätantiken Ovalbaus bewahrt. Doch konnte beim Wiederaufbau nach dem Krieg selbst noch oberhalb der Emporenöffnungen römisches Mauerwerk festgestellt werden. In der südwestlichen Nische blieb ein bescheidener Rest des einstigen römischen Mosaikfußbodens erhalten.

HÖHEPUNKTE DER AUSSTATTUNG
Romanischer Mosaikfußboden

Wer die Krypta des 11. Jahrhunderts betritt, dem fallen zunächst die drei übereinandergestapelten Sarkophage in einem westlichen Gewölbe, der sogenannten Confessio, auf. Aufgrund der schwachen Beleuchtung übersehen die meisten Besucher aber den größten Schatz der Kirche, der sich in der östlichen Kryptenerweiterung verbirgt. Im 12. Jahrhundert entdeckte man die Technik römischer Mosaikfußböden neu, nutzte sie aber nun zur Darstellung von biblischen Szenen. Auch die Stiftsherren von Sankt Gereon wollten einen entsprechenden Schmuck für ihre Kirche. Die erhaltenen Teile schildern vor allem Ereignisse aus der Samson- und Davidgeschichte des Alten Testamentes. Ursprünglich befanden sich die Mosaikbilder im Fußboden des Langchores, wohin sie auch dringend zurückkehren sollten, um sie endlich ihrer Bedeutung entsprechend zu präsentieren.

SANKT KUNIBERT

Schwerelose Romanik

Ostapsis mit spätromanischen Glasfenstern

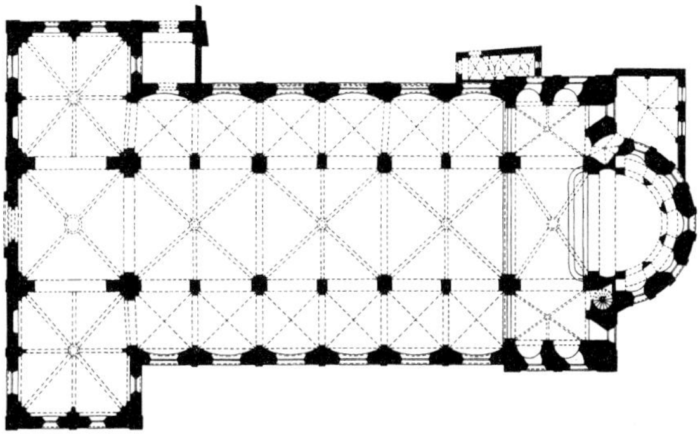

DAS BESONDERE

Wer unter dem Stichwort »Romanik« bisher düstere Kirchenbauten mit dicken Wänden, kleinen Fenstern und schwer lastenden Gewölben verstanden hat, erlebt in Sankt Kunibert eine Überraschung: ein weiter, hoher Raum mit segelartig leicht aufsteigenden Gewölben, dessen Wände fast vollständig mit großen Fenstern durchbrochen sind – mehr Lichtfülle und Leichtigkeit könnte auch eine gotische Kirche nicht bieten. Als große Besonderheit besitzen die Ostteile fast noch die gesamte spätromanische Farbverglasung – ein in Deutschland einmaliger Schatz. Zusammen mit der weiteren überraschend vollständig erhaltenen Chorausstattung bietet Sankt Kunibert eine in Mitteleuropa fast einzigartige Vorstellung vom Reichtum und der Farbenpracht eines romanischen Kirchenraumes. Umso mehr verwundert es, wie wenige der Köln-Touristen ihren Weg hierher finden.

BAUGESCHICHTE

Der Überlieferung nach errichtete der heutige Kirchenpatron Kunibert, ein Kölner Bischof der Merowingerzeit, hier eine erste Kapelle. Diese weihte er dem heiligen Papst Clemens und ließ sich hier 663 begraben. Archäologische Grabungen entdeckten bisher aber nur einen

Das Marienfenster wurde im 19. Jahrhundert getreu dem Vorbild restauriert.

Kirchenbau des 11. Jahrhunderts. Dessen bescheidene Ausmaße veranlassten wohl ab 1210/1215 Theoderich von Wied, ihn durch die heutige Kunibertskirche zu ersetzen. Theoderich war zunächst Propst des Kunibertstiftes, bevor er seine Kirchenkarriere mit der Erhebung zum Trierer Erzbischof (Amtszeit 1212–1242) krönen konnte. Vermutlich förderte er das Bauunternehmen weiterhin, sodass trotz monumentaler Ausmaße schon 1226 die Ostteile samt dem ersten östlichen Langhausjoch mit dem einstigen Chorgestühl geweiht und genutzt werden konnten. Bei der Schlussweihe 1247 war die Kunibertskirche mit Ausnahme des Westturmes vollendet, der dann bis 1261 hinzugefügt wurde. 1376 brannte dieser ab und wurde in gotischen Formen erneuert. Da die Fundamente für diesen mächtigen Turm viel zu gering ausgelegt waren, stürzte er schließlich 1830 ein. Dank der zu dieser Zeit einsetzenden Wertschätzung mittelalterlicher Baukunst konnte er ab 1836 durch das finanzielle Engagement Kölner Bürger in der alten Form neu errichtet werden. Die Bomben des Zweiten Weltkrieges zerstörten diesen Turm samt dem Westbau so vollständig, dass zunächst an einen Wiederaufbau nicht zu denken war. Die Schäden an Chor und Langhaus waren schon 1955 beseitigt und die Kirche damit wieder nutzbar. Erst die Gründung des Fördervereins Romanische Kirchen Köln 1981 und das Jahr der Romanischen Kirchen 1985 brachte wieder Bewegung in die Sache, sodass Westbau und Turm bis 1993 in ihrer mittelalterlichen Gestalt wieder aufgebaut werden konnten. Dank dieser gewaltigen Anstrengung erhielt die einmalige Kölner Rheinfront ihren wichtigsten nördlichen Akzent wieder.

ARCHITEKTUR

Ursprünglich erhob sich der Ostchor unmittelbar hinter der rheinseitigen Stadtmauer. Heute durch die breite Rheinuferstraße und hohe Bäume vom Fluss abgerückt war die Chorfassade der Kunibertskirche jahrhundertelang direkt auf die eigentliche Kölner Hauptstraße, den Rhein, ausgerichtet. Die Stiftsherren griffen für den Ostbau auf die monumentale Chorfassade von Sankt Gereon zurück. Dieses Vorbild wandelten sie jedoch dahingehend ab, dass die beiden Türme mit der Apsis zu verschmelzen scheinen. Vom Grundriss her bilden die Osttürme die Verlängerung der Seitenschiffe, sind aber in den beiden un-

Der Wiederaufbau des Westbaus war erst 1993 vollendet.

teren Geschossen als eine Art schmales Querhaus zum Innenraum hin geöffnet. Spitz- und kleeblattförmige Blenden verraten außen an den Turmobergeschossen schon erste Anklänge an die Frühgotik.

Der platzbeherrschende Westbau empfängt als turmbekrönter Querriegel den von der Stadtseite herankommenden Besucher. Aufgrund der zurückhaltenden Gliederung wirkt er umso mächtiger. Ursprünglich befand sich vor dem Hauptportal noch eine niedrigere, dunkle Vorhalle, die den Eintretenden einst den Innenraum umso hochragender und lichtvoller erleben ließ. Das Bogenfeld des Hauptportales ist in seiner jetzigen Gestaltung das einzige Zugeständnis an die Moderne beim Wiederaufbau des Westbaus in seiner mittelalterlichen Gestalt.

Der Innenraum der großen dreischiffigen Basilika erscheint für eine romanische Kirche ungewöhnlich leicht und hell. Um diese Wirkung zu erzielen, hatte der Baumeister die Seitenschiffwände als wandhohe Nischen gestaltet und mit großen Achtpassfenstern geöffnet. Die zweigeschossige Wandgliederung des übrigen Raumes geht, wie das Westquerhaus insgesamt, auf das Vorbild von Sankt Aposteln zurück. Schmale Zwischenpfeiler im Mittelschiff, ein zweischaliger Wandaufbau in den Ostteilen, große Fensteröffnungen und kuppelartig auf

Spitzbögen aufsteigende Gewölbe mit schmalen Rippen tragen weiter zur schwerelosen Raumwirkung bei.

Zwei Treppen im östlichen Querhaus führen zu einem besonderen Raum unter dem Chor. Er diente nicht liturgischen Zwecken und war daher keine Krypta. Vielmehr stellt er den Unterbau der Apsis dar, damit diese etwas über die abfallende Uferböschung hinaus vorgebaut werden konnte. Hier erhält der Besucher einen interessanten Einblick in das Baumaterial der romanischen Kirche. Die Wände sind als Fun-

Blick in das Langhaus

dament der Apsis aus schweren Basaltsäulen gebildet, die übereinandergeschichtet sind, während das Gewölbe aus leichten Tuffsteinen besteht. Einst war dieser Raum nur von außen zugänglich, damit Besucher jederzeit den sogenannten Kunibertspütz aufsuchen konnten. Dieser Brunnenschacht, der zum Grundwasser hinabführt, ist mit einigen Legenden verbunden. Unter anderem sollen hier vor allem, in Variation des Klapperstorchmotivs, die Kölner Kinder geholt worden sein. Interessanterweise reicht der Brunnenschacht bis hinauf in das Kircheninnere, heute abgedeckt durch eine Platte von Elmar Hillebrand mit Motiven der kölschen Kindersage. Die Stiftsherren nutzten den Brunnen zur Entnahme von Weih- und Taufwasser.

HÖHEPUNKTE DER AUSSTATTUNG

Glasfenster

Mit der fast vollständig erhaltenen mittelalterlichen Apsisverglasung und einigen Fenstern im Querhaus besitzt Sankt Kunibert den umfangreichsten Bestand spätromanischer Glasmalerei in Mitteleuropa. Die mosaikartig mit Bleistegen und Windeisen verbundenen, durchgefärbten Gläser entfalten besonders im Morgenlicht eine überwältigende Leuchtkraft. Wie aus kostbaren Edelsteinen zusammengesetzt sollten die Fenster wirken, die den Gläubigen gleichsam einen Einblick in die herbeigesehnte Himmelsstadt gewährten. Erst das als göttlich verstandene Licht erweckt die Fenster und das in ihnen Dargestellte zum Leben. Sowohl die großen oberen als auch die kleinen unteren Fenster zeichnen sich durch einen wunderbar ineinandergeflochtenen Rahmen aus farbigem Glas aus, der die eigentlichen Szenen prachtvoll umgibt. Deutlich ist hier das Vorbild der romanischen Buchmalerei zu erkennen. Die seitlichen Fenster oben in der Apsis schildern auf der linken Seite in prägnanten Szenen Leben und Martyrium des ersten Kirchenpatrons Clemens und auf der rechten Seite die wichtigsten Stationen des heiligen Bischofs Kunibert. Das Mittelfenster ist nicht nur formal, sondern auch inhaltlich das komplexeste. Eingerahmt durch eine von Jesse, dem Vater Davids, ausgehende Wurzel steigen in Medaillons die zentralen Geschehnisse der Heilsgeschichte auf, begleitet von passend zugeordneten Szenen des Alten Testamentes. Propheten mit Spruchbändern erweitern die theologische Aussage zusätzlich.

Detail des zentralen Chorfensters

Die unteren Fenster der Apsis (in der Mitte eine moderne Ergänzung) stellen die Heiligen Ursula und Cordula dar, verehrt von kleinen Stifterfiguren. Letztere finden sich auch in den spätromanischen Glasfenstern des Querhauses zu Füßen der heiligen Katharina, Cäcilia und Johannes des Täufers. Diese Stifterfiguren, die nur mit dem Vornamen bezeichnet und in der Tracht des frühen 13. Jahrhunderts dargestellt sind, zeigen anschaulich, dass die um 1220/1225 geschaffenen Farbfenster privat finanzierte Stiftungen für das individuelle Seelenheil waren. Unter dem Johannesfenster im südlichen Querhaus, das als Stifterfigur den Scholaster (Stiftslehrmeister) Francis zeigt, befindet sich noch der säulenverzierte spätromanische Altarblock des Johannes dem Täufer geweihten Altares aus der Erbauungszeit. Gegenüber, im nördlichen Querhaus, steht ebenfalls noch der zeitgleich entstandene Marienaltar. Zusammen mit dem im späten 19. Jahrhundert nach dem spätromanischen Vorbild vollständig neu geschaffenen Marienfenster und den erhaltenen Fresken der Altar und Fenster bergenden Nische ergibt sich hier ein Eindruck, wie farbenfroh einst die gesamte Kunibertskirche im Inneren geschmückt war.

Chorausstattung

Neben den Farbfenstern konnte Sankt Kunibert als großen Glücksfall weitere Teile der Chorausstattung bewahren, sodass sich hier fast exemplarisch das reiche Erscheinungsbild eines Altarraumes einer mittelalterlichen Stiftskirche vermittelt. Rund um den säulenverzierten spätromanischen Block des Hauptaltares, dessen Größe überrascht, füllt ein spätromanischer Schmuckfußboden noch den gesamten Bereich der Apsis aus. Weiße Marmorplatten, die eindeutig aus römischen Ruinen der Stadt stammen, bilden zusammen mit dunklen Platten aus Blaustein und Trachyt abwechselnde geometrische Muster. Getrennt werden diese teppichartigen Fußbodenteile durch breite Streifen aus honigfarbenen Kalksinterplatten, die aus den Ablagerungen in der nach Köln führenden römischen Eifelwasserleitung gebrochen wurden.

Von den einst fast zwanzig Altären in der Kunibertskirche haben sich zwei steinerne Aufsätze im Langhaus erhalten. Bedeutender ist aber der heute hinter dem Hauptaltar aufgestellte spätgotische Flügelaltar. Ihn stiftete um 1465 der Kölner Bürgermeister Hermann Rinck. Die figurenreiche Darstellung der Kreuzigung im Mittelteil und der Verklärung sowie Auferstehung auf den Seitenflügeln schuf ein in der altniederländischen Kunst geschulter Maler. Seitlich des Flügelaltares

Hochaltar mit spätromanischem Schmuckfußboden

stehen die Reliquienschreine der beiden heiligen Ewalde und des heiligen Kunibert. Nach der Plünderung ihrer kostbaren Metallverkleidung nach dem Einmarsch der französischen Revolutionstruppen musste diese im 19. Jahrhundert neu geschaffen werden. Erhalten blieben die originalen Eichenholzkästen, die den Kern der Schreine bilden und die Gebeine bergen.

Auf der Nordseite befindet sich eine hohe Nische mit Wandmalereien aus der Erbauungszeit der Kunibertskirche. Sie zeigen wie auf einer Werbetafel die Heiligen Antonius und Nikolaus sowie das mit einem Doppelbalken versehene Patriarchenkreuz und damit genau jene Reliquien, die in dem Raum hinter der Nische sicher verwahrt waren. Eine kleine, runde Öffnung diente dazu, dass die Aura der Reliquien auch in den Kirchenraum hineinwirken konnte, wenn das Heiltum nicht gezeigt wurde. Die kostbaren Reliquien erhielt das Kunibertstift 1222 von ihrem großen Mäzen Theoderich von Wied, der seiner ehemaligen Wirkungsstätte damit einen besonderen Anziehungspunkt verschaffen wollte. Im 14. Jahrhundert wurde der untere Teil der Nische in einen vergitterten, bemalten Schrank umgestaltet, um die Reliquien sichtbar im Raum zu verwahren. Die gegenüberliegende Nische zeigt ein gotisches Wandtabernakel, dessen reiche Farbfassung wiederhergestellt werden konnte.

Altarbaldachin

Im südlichen Querhaus findet sich mit dem kleinen, auf Säulen gestützten Baldachin ein besonderes Kabinettstück sakraler Ausstattungskunst aus der Mitte des 13. Jahrhunderts. Er ist der einzige in Köln erhaltene steinerne Altarbaldachin, von dem es ursprünglich etliche gegeben haben muss. In seiner leuchtenden Farbigkeit und mit seinem Freskenreichtum gibt er im Kleinen eine Vorstellung davon, wie prächtig einst die gesamte Kunibertskirche ausgemalt war. Die Stirnwand zeigt den Gekreuzigten zwischen Maria und Johannes, wobei das knittrige Gewand der Gottesmutter auf byzantinische Vorbilder der Ikonenmalerei hinweist. Eine Konsole unterhalb des Kreuzes deutet darauf hin, dass die Stiftsherren hier zu bestimmten Anlässen ihre kostbare Kreuzreliquie den Gläubigen zur Verehrung zugänglich machten. Heute befindet sich unter dem Baldachin der gotische Taufstein, der einst im Westquerhaus stand.

Der einstige Altarbaldachin im Querhaus zeigt die frühere Farbenpracht des Innenraums.

Engelskonsole unterhalb der Marienfi-
der Verkündigungsgruppe

Verkündigungsgruppe

Neben den Chorpfeilerfiguren im Kölner Dom gehört diese Darstellung der Verkündigung zum Bedeutendsten, was mittelalterliche Bildhauer in Köln hinterlassen haben. Fast in Lebensgröße stehen sich an den westlichen Vierungspfeilern die farbig gefassten Steinfiguren des Erzengels Gabriel und Mariens gegenüber. Wunderbar korrespondiert die Bewegung des in die Knie sinkenden Engels mit dem erschrockenen Zurückweichen der gerade in die Heilige Schrift vertieften Jungfrau über den Kirchenraum hinweg. Über Maria schwebt in einem Wolkenband Gottvater, der die heute leider verlorene Taube des Heiligen Geistes zu ihr herabsandte. Zu ihren Füßen kniet eine kleine Stifterfigur in der Tracht der Kanoniker des Kunibertstiftes. Laut einer Inschrift an der mit einem fröhlichen Engelschor geschmückten Konsole stellt sie Hermann von Arcka dar, der zur Absicherung seines Seelenheils diese kunstvolle Figurengruppe 1439 in Auftrag gab.

Fünfarmiger Leuchter

Am Westende des Mittelschiffes erhebt sich das im Rheinland einzigartige Beispiel eines fünfarmigen Bronzeleuchters aus dem späten 15. Jahrhundert. Die fünf Leuchterarme sind mit ihren abgeschlagenen

Ästen als Lebensbaum gestaltet, die zugleich den Kreuzesstamm bilden, an dem der Christuskorpus hängt. Die fünf Kerzen der Leuchterarme stehen in der Passionssymbolik stellvertretend für die fünf Wundmale Christi. Daher ist zu vermuten, dass der spätgotische Leuchter einst nahe dem Kreuzaltar im östlichen Bereich des Mittelschiffes stand. Wahrscheinlich stellt der Leuchter eine Variante der aus dem nahen Maasgebiet stammenden bronzenen Leuchterbögen dar, von denen sich ein einziger noch in der Stiftskirche Sankt Viktor in Xanten erhalten hat. Auch für Köln ist ein solcher für Sankt Severin, zumindest bildlich, überliefert.

Heiltumskammer

Zur dauerhaften Präsentation der beindruckenden Überreste des Kirchenschatzes entstand 1997 im wiederaufgebauten Westquerhaus eine begehbare Großvitrine. Die verglasten Ecken der kreuzförmigen Schatzkammer geben den Blick frei auf die spätromanischen Behältnisse jener bedeutenden Reliquien, die einst Theoderich von Wied seinem Stift als kostbarsten Besitz vermachte. Seitlich der Büste mit den Barthaaren von Antonius dem Einsiedler stehen die Armreliquiare für die Armknochen der Heiligen Nikolaus und Servatius. Diese drei vergoldeten, reich mit Edelsteinen und Filigranarbeiten geschmückten Behältnisse zählen zu den herausragenden Zeugnissen der hochentwickelten spätromanischen Goldschmiedekunst im Rheinland. Darüber hinaus sind hier einige jener weit verbreiteten bemalten Holzbüsten für die Gebeine aus der Märtyrerschar der heiligen Ursula zu sehen. Eindrucksvoll ist der nur im unteren Teil gefasste Schädel, der als jener des heiligen Joachim verehrt wurde. Er stammt aus dem zerstörten Benediktinerinnenkloster zu den heiligen Makkabäern. In der Mitte der Heiltumskammer werden jene Stoffe präsentiert, in die einst die Gebeine der heiligen Ewalde und des Kirchenpatrons Kunibert eingewickelt waren. Während der persische Seidenstoff des frühen 9. Jahrhunderts eine profane Jagdszene darstellt, zeigt die rheinische Leinenstickerei des 10. Jahrhunderts eine kosmologische Darstellung der Elemente, Jahreszeiten und Tierkreiszeichen. Diese kostbaren Stoffe blieben nur erhalten, weil sie zu einem späteren Zeitpunkt zur Einhüllung von Heiligengebeinen verwendet wurden und im hölzernen Inneren der Reliquienschreine geschützt waren.

SANKT MARIA IM KAPITOL

Vom Tempel zur Kirche

Blick in den Dreikonchenchor mit Säulenumgang

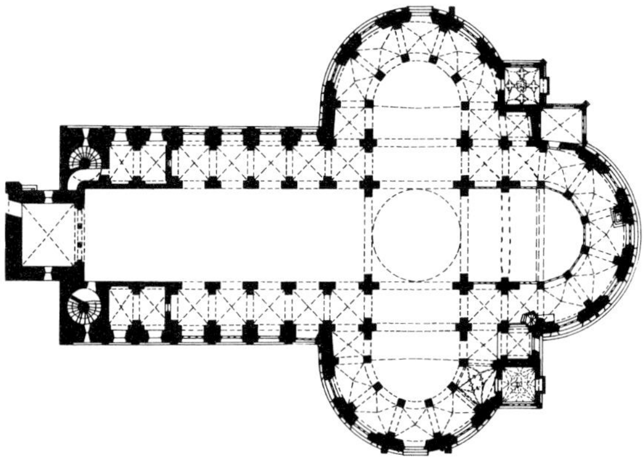

DAS BESONDERE

Schon der seit dem 12. Jahrhundert überlieferte Namenszusatz »im Kapitol« klingt verheißungsvoll. Und tatsächlich ist die größte Kölner Marienkirche nicht nur auf den Fundamenten, sondern teilweise sogar aus den Steinblöcken des römischen Haupttempels der Stadt errichtet worden. Der großartige Kircheneubau, der im 11. Jahrhundert von zwei Kaiserenkeln initiiert worden war, gehört zu den Höhepunkten salischer Architektur. Denn er stellt die geniale Verbindung einer längsgerichteten Basilika mit einem zentralbauartigen Dreikonchenchor dar. Einmalig in Mitteleuropa sind die reliefverzierten hölzernen Türflügel, die noch aus der Bauzeit der Kirche stammen.

BAUGESCHICHTE

Nachdem Agrippina die Jüngere, Gemahlin des Kaisers Claudius und Mutter Neros, im Jahre 50 ihren Geburtsort Köln zur Veteranenkolonie erheben ließ, begann ein großzügiges Bauprogramm. Genau wie heute wurde die Rheinfront zur »Schokoladenseite« der Stadt mit dem Statthalterpalast in der Mitte und einigen Tempeln, die eindrucksvoll die Stadtmauer überragten, darunter in der Südostecke der Kapitolstempel für die römischen Staatsgötter Jupiter, Juno und Minerva. Im frühen

Muttergottes mit Stifterinnenfigur

8. Jahrhundert ließ sich Plektrudis, Witwe des merowingischen Hausmeiers Pippin des Mittleren, in der von ihr in der Tempelruine eingerichteten ersten Kirche begraben. Nachdem sie den Machtkampf um die Nachfolge gegen Karl Martell, den unehelichen Sohn ihres Mannes, verloren hatte, musste sie sich notgedrungen in ihren Kölner Besitz zurückziehen. Der Legende nach soll sie nicht nur die Kirche, sondern auch das Damenstift gegründet haben, das bis 1802 hier existierte.

Der heutige Kirchenbau entstand im 11. Jahrhundert durch die Initiative eines prominenten Geschwisterpaares: Äbtissin Ida und Erzbischof Hermann II. von Köln (Amtszeit 1036–1056), beide Enkel Kaiser Ottos II. und dessen Gemahlin Theophanu. Schon 1049 konn-

te Papst Leo IX. den Kreuzaltar im fertiggestellten Langhaus weihen, bevor 1065 auch der Dreikonchenchor vollendet war. Im Gegensatz zum Langhaus, das auf den Tempelfundamenten aus römischem Zement bis heute sicher ruht, gab es im östlichen Bereich aufgrund der sehr mangelhaften Gründung schon bald nach Vollendung der Kirche größere Bauschäden. So mussten die Obergeschosse des Dreikonchenchores vollständig erneuert werden, wobei man sicherheitshalber auf den Wiederaufbau des Vierungsturmes verzichtete. Die Ostkonche wurde nochmals im frühen 13. Jahrhundert erneuert und nun außen mit einer Zwerggalerie und seitlichen Strebebögen versehen. Anschließend ersetzte das Damenstift die bisherige Flachdecke des Mittelschiffes durch zeitgemäße Rippengewölbe. Im 17. Jahrhundert stürzten die Obergeschosse des dreitürmigen Westbaus ein, deren Wiederaufbau unterblieb. Die Glocken ließ das Stift in die benachbarte Pfarrkirche Klein Sankt Martin übertragen, dessen Turm so dem Abriss nach der Säkularisation entging.

Außenbau des Dreikonchenchores mit gotischen Kapellen

Schwerste Zerstörungen brachte der Zweite Weltkrieg, sodass beim Wiederaufbau sehr kontrovers diskutiert wurde, ob das Verlorene und damit vor allem der Dreikonchenchor nicht besser durch moderne Formen neu interpretiert werden sollte. Das zuerst wiederhergestellte Langhaus zeigt bis heute diese Ambivalenz, weil man zum Beispiel auf die Gewölbe zugunsten einer modernen Flachdecke verzichtete und die spätgotischen Maßwerkfenster im südlichen Seitenschiff durch Betonmaßwerk ersetzen ließ. Bei dem Dreikonchenchor, der heute weitgehend einen Neubau darstellt, versuchte man eine Rekonstruktion der Gestalt des 11. Jahrhunderts und verzichtete daher außen auf die Zwerggalerie, behielt aber innen inkonsequenterweise die Formen des Umbaus im 12. und frühen 13. Jahrhundert bei. Erst 1984 war der Wiederaufbau vollendet.

Blick in den östlichen Chorumgang mit den getreu rekonstruierten spätgotischen Maßwerkschranken

ARCHITEKTUR

Der Zugang der Kirche erfolgt heute über den ehemaligen Kreuzgang, der eine merkwürdige Mischung aus erhaltenen Arkaden der Rekonstruktion des späten 19. Jahrhunderts und schlichten Bögen der 1950er-Jahre darstellt. Beachtenswert ist die Ostwand, die nicht nur Reste der einstigen romanischen Gewölbegliederung zeigt. Im Kern bewahrt diese schlichte Wand noch bedeutende römische Fragmente der einstigen westlichen Abschlussmauer des großzügig den Tempel einst umfassenden Hofes. Auch das gotische Dreikönigenpförtchen südöstlich der Kirche steht noch auf deren Fundament, die hier als Immunitätsmauer des Stiftes weiterverwendet wurde.

Am Ende des südlichen Seitenschiffes befindet sich heute die berühmte Holztür aus dem 11. Jahrhundert, die einst farbig gefasst war.

Wer die Kirche betritt, dem fällt zunächst auf, dass er eine hohe Treppe zum Portal emporsteigen muss, obwohl die Kirche an einem rheinwärts abfallenden Hang liegt. Dies erklärt sich daraus, dass das mächtige Tempelfundament beim Kircheneubau des 11. Jahrhunderts genutzt und damit der Zugang aus dem Kreuzgang entsprechend höher gelegt werden musste. Das Mittelschiff präsentiert auffallend längsgerichtete Pfeiler aus grauen Trachytquadern, die genau wie jene in der Krypta der römischen Tempelruine entnommen worden waren. Das Mittelschiff war einst für Laien nicht zugänglich, stand doch hier das Chorgestühl der Stiftsdamen. Ein Blick zurück hoch zur Westempore überrascht durch deren Arkadenform, die auffällig jene der Pfalzkapelle Karls des Großen in Aachen kopiert – vermutlich eine Anspielung auf die kaiserliche Herkunft der Erbauer der Kirche. Auch außen war der Westbau am Aachener Münster orientiert.

Durch die überdimensionierte moderne Orgel auf dem Lettner ist leider die geniale Grundidee der Kapitolskirche optisch zerstört: die Fortsetzung einer dreischiffigen Basilika in einem zentralbauartigen Dreikonchenchor, wobei sich die Seitenschiffe, hier nun säulengestützt, auch um dessen drei Apsiden herumziehen. Erst in der italienischen Renaissance sollte diese besondere Form wieder aufleben. Seitenschiffe und Umgänge bilden nichts anderes als einen überwölbten Prozessionsweg innerhalb der Kirche. Ohne diese Umgänge könnte dieser ungewöhnliche Grundriss auf das Vorbild der konstantinischen Geburtskirche in Bethlehem zurückgehen. Der Gedanke, die drei rechtwinklig zueinander stehenden Apsiden, eigentlich ein Motiv römischer Palastarchitektur, mit einem Säulenumgang zu kombinieren, entstand in der klösterlichen Reformarchitektur der Salierzeit. Richeza, Schwester Idas und Hermanns, verwirklichte sie in ihrer Kirche des Familienklosters der Ezzonen in Brauweiler westlich von Köln. Die Form der hohen Säulen mit Würfelkapitellen dürfte wiederum vom Hauskloster der

Detail der romanischen Holztür: Flucht nach Ägypten mit »Flönz«

Dank der eingesetzten Glasaugen erscheint der romanische Christuskopf besonders lebendig.

neuen Königsdynastie der Salier, Limburg an der Haardt (oberhalb von Bad Dürkheim), entlehnt worden sein, damals ebenfalls ein Reformkloster.

Unter dem gesamten Dreikonchenchor erstreckt sich die nach dem Speyerer Dom größte romanische Krypta Deutschlands. Hier fallen besonders deutlich die wiederverwendeten riesigen Quaderblöcke des römischen Tempels auf. In die Mauerdicke sind einige Kapellenräume eingetieft, war dies doch ein liturgisch genutzter Ort.

HÖHEPUNKTE DER AUSSTATTUNG

Die trotz aller Verluste immer noch hochkarätige Ausstattung der Kapitolskirche bietet sich dem Betrachter leider nicht als geschlossenes Ensemble dar wie im Chor von Sankt Severin und Sankt Kunibert, sondern ist etwas zusammenhanglos im ansonsten recht kahl wirkenden Kirchenraum verteilt und präsentiert sich so fast museal.

Romanische Relieftür

Heute befinden sich die beiden monumentalen, fast fünf Meter hohen Türflügel funktionslos hinter einem barocken Gitter vor der Westwand des südlichen Seitenschiffes. Diese Holztür ist die einzige mit Reliefs geschmückte Holztür des 11. Jahrhunderts, die nördlich der Alpen erhalten blieb. Sogar ihre einst vollständige Farbfassung ist in Resten erkennbar. Der gute Erhaltungszustand erklärt sich daraus, dass sie einst durch die der nördlichen Konche vorgebauten Vorhalle geschützt war. Dies war der einstige Hauptzugang für die Besucher der Kirche, während der heutige Eingang der Kirche damals nur den Stiftsdamen vorbehalten war. In comicartiger Buntheit und Kürze schildern die Szenen die gesamte Heilsgeschichte, angefangen mit der Verkündigung links oben. Wie in einer Bilderbibel informierte sie so über die wichtigsten Stationen des Lebens von Jesus. Wunderbar sind nicht nur die etwas knubbeligen Figuren, sondern auch die Flechtrahmen und ornamentierten Knäufe rund um die Szenen.

Weitere romanische Bildwerke

Im nördlichen Seitenschiff befindet sich eine der ganz selten erhalten gebliebenen figürlichen Grabplatten der Romanik in Deutschland. Im 12. Jahrhundert für das Grab der angeblichen Gründerin des Damenstiftes, Plektrudis, angefertigt, präsentierte sich ihre Relieffigur einst in bunter Farbigkeit und mit offenen Augen im Moment ihrer Auferstehung. Die lateinische Inschrift bezeichnet sie als »heilige Königin«, was beileibe nicht der realen Frau entsprach, sondern dem geltungsbewussten Damenstift. Im 13. Jahrhundert ersetzten die Stiftsdamen die Grabplatte durch eine modernere Version, die sich heute im westlichen Teil des Mittelschiffes befindet.

Ganz in der Nähe, im nördlichen Seitenschiff, befindet sich eine fast archaisch anmutende Figur der über einem Drachen thronenden Gottesmutter mit dem Christuskind. Die eingesetzten Glasaugen verliehen, zusammen mit der verlorenen Farbigkeit, der Figur einst ihre Lebendigkeit. Ursprünglich schmückte die romanische Figur außen den Ostgiebel der Kirche und wurde nach der Kriegszerstörung aus den Trümmern wieder zusammengesetzt.

Renaissancelettner mit Stifterwappen

In der Nordkonche befindet sich heute eine weitere romanische Marienfigur, diesmal aus Holz und einst Teil eines mehrfigurigen Altaraufsatzes. Sie folgt dem in der Romanik auch in Westeuropa beliebten byzantinischen Marientypus der »Süßküssenden«. Die immer wieder von Gläubigen vor ihr abgelegten Äpfel zeigen, dass sie heute mit der Legende des heiligen Hermann Joseph verbunden wird. Dieser lebte vor seinem Eintritt in das Prämonstratenser-Chorherrenstift Steinfeld (Eifel) in Köln, wo er in die vom Damenstift unterhaltene Schule ging. Der Legende nach war er schon als Kind ein so großer Verehrer der Muttergottes, dass er einmal sogar seinen Pausenapfel mit dem hölzernen Marienbild teilen wollte. Das Wunder geschah: Die Holzfigur wurde plötzlich lebendig, dankte ihm und nahm den Apfel an.

Gabelkruzifix

In der Eckkapelle zwischen Nord- und Ostkonche befindet sich heute eine sehr eindrucksvolle Darstellung des Gekreuzigten, bei dem sein Leiden auf ungewöhnlich drastische Art zum Ausdruck gebracht wird. 1304 entstanden, wurde es im Rheinland vielfach nachgeahmt. Zahlreiche Reliquienpartikel, die im Inneren des Kopfes eingefügt wurden, sollten den Heilscharakter der Darstellung erhöhen. Ähnlich wie bei einem Vesperbild, das damals als Darstellungsform ebenfalls neu aufkam, sollten sich die Gläubigen nun im leidenden Christus wiederfinden.

Hardenrathkapelle

Johannes Hardenrath, Bürgermeister und einer der reichsten Männer Kölns, der neben der Kapitolskirche sein Stadthaus besaß, stiftete 1466 für sein Seelenheil im Winkel zwischen Süd- und Ostkonche eine Kapelle. Trotz schwerer Kriegszerstörung bildet sie mit ihrer größtenteils erhaltenen Ausstattung eine der kostbarsten gotischen Kapellen des Rheinlandes. Die vorgebaute spätgotische Empore war für den Knabenchor gedacht, dessen Unterhalt Hardenrath dauerhaft finanzierte. Im Chor haben sich zudem kleine Figuren des Stifterehepaares erhalten, die in ewiger Anbetung ihre Lieblingsheiligen Maria und Christophorus verehren.

Lettner

Neben der Rathauslaube stellt der Lettner der Kapitolskirche das bedeutendste Zeugnis der Renaissance in Köln dar. 1525 aufgestellt, sollte er nicht nur die Kirche schmücken, sondern auch die Großzügigkeit der Stifterfamilie Hackeney nebst Verwandten zum Ausdruck bringen. Daher sind die Wappen der Auftraggeber in ähnlicher Größe angebracht wie die Reliefs der Heilsgeschichte und die Figuren der Schutzpatrone der Familien. Der Initiator Nikasius Hackeney war der wichtigste Geldbeschaffer des permanent klammen Habsburgerkaisers Maximilian I. Nikasius war für den Herrscher vor allem in den habsburgischen Niederlanden tätig. So erklärt sich, warum er den Lettner in Mecheln in Auftrag gab.

Die romanische Marienfigur wird mit der Legende des heiligen Hermann Joseph in Verbindung gebracht.

SANKT MARIA LYSKIRCHEN

Romanische Farbenpracht

Blick in die Gewölbeausmalung des Mittelschiffes

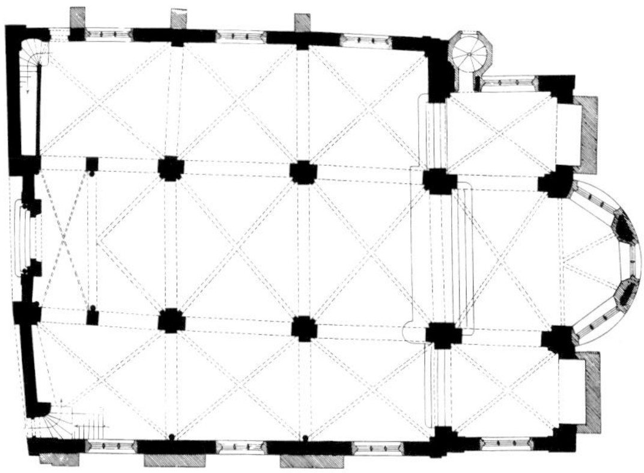

DAS BESONDERE

Als kleinste unter den romanischen Kirchen Kölns besitzt Sankt Maria Lyskirchen mit ihren erhaltenen Gewölbemalereien einen einzigartigen Schatz. Zusammen mit der rekonstruierten Außenfarbigkeit vermittelt sich hier eine Ahnung davon, wie bunt romanische Architektur als Abbild der Himmelsstadt einst war.

BAUGESCHICHTE

Die 948 erstmals genannte Kirche dürfte deutlich älteren Ursprungs sein. Seit 1067 gehörte sie als Pfarrkirche dem Kanonikerstift Sankt Georg. Ihre zusätzliche Benennung »Lyskirchen« diente der Unterscheidung von den anderen Marienkirchen der Stadt und geht auf den Namen des ursprünglichen Kirchengründers Lisolf zurück. Um 1200 entstand der Chor der heutigen Kirche, anschließend um 1220/1230 das Langhaus. Im Zweiten Weltkrieg hatte Maria Lyskirchen insofern Glück, das nur die Dächer abbrannten, die Gewölbe mit der Ausmalung aber standhielten. Die Außenbemalung konnte 1961/1962 und dann nochmals 1984/1986 nach Befund erneuert werden.

Der Außenbau der Kirche erhielt seine spätromanische Farbfassung zurück.

ARCHITEKTUR

Maria Lyskirchen ist neben den Resten des Langhauses von Sankt Johann Baptist das einzige erhaltene Beispiel einer romanischen Pfarrkirche in Köln. Trotz der im Vergleich zu den Stifts- und Klosterkirchen bescheidenen Dimensionen weist der Bau einige Besonderheiten auf, die sich durch das finanzielle Engagement der im Pfarrbezirk wohnenden reichen Patrizierfamilien erklärt. Besonders aufwendig war der Ostabschluss der Kirche gestaltet, der einst die unmittelbar davor verlaufende rheinseitige Stadtmauer überragte. Die Apsis wurde seitlich von zwei Türmen begleitet, von denen nur noch der nördliche vollständig erhalten blieb. Bis zum Einbau der großen nachgotischen Fenster schmückte eine Zwerggalerie die Apsis, deren Fortsetzung in Form von Fensterarkaden auf den seitlichen Türmen noch erhalten ist. Ungewöhnlich für eine einfache Pfarrkirche ist zudem der reiche Bildhauerschmuck am Westportal der Kirche. Der Innenraum zeigt sich als dreischiffige Emporenbasilika, wobei allerdings nicht nur die Apsis, sondern alle Fenster wie auch die Emporenöffnungen in spätgotischer und barocker Zeit stark verändert wurden. Aufgrund der Hochwassergefährdung wurde auch das Fußbodenniveau deutlich angehoben, was die Raumverhältnisse veränderte. Bis zur Barockzeit war der Gewölberaum unter dem Chor vom Kircheninneren aus zugänglich und diente als Verehrungsstätte des ersten Kölner Bischofs Maternus.

HÖHEPUNKTE DER AUSSTATTUNG

Gewölbemalereien

Nachdem sie in der Barockzeit übertüncht worden waren, entdeckte man die spätromanischen Gewölbemalereien der drei Mittelschiffjoche erst wieder 1879. Bei der anschließenden Restaurierung, der noch mehrere folgen sollten, übermalte man jeweils die Szenen, wodurch sie deutlich erkennbar waren. 1973–1977 galt die umfassende Restaurierung der Freilegung der originalen Farbigkeit, die im Gegensatz zu den farbkräftigen Übermalungen aber leider nun sehr blass erscheint und damit für den Betrachter deutlich schlechter »lesbar« ist. Denn im

Innenraum nach Osten

Gegensatz zur italienischen Freskomalerei, welche die Farbpigmente auf feuchten Putz auftrug und sie damit dauerhaft mit dem Untergrund verband, bröselten diese dank der deutschen Technik, auf getrocknetem Untergrund zu malen, zunehmend ab. So sind es in Maria Lyskirchen vor allem die Vorzeichnungen in roter Farbe, das heißt die Umrisse der Figuren, die am besten erhalten blieben, da sie allein auf den feuchten Putz aufgemalt worden waren.

Trotz der (gegen Münzeinwurf) möglichen Beleuchtung hat der Betrachter Mühe, die Szenen in beträchtlicher Höhe zu deuten, zumal es sich um einen sogenannten typologischen Zyklus handelt. Das heißt den Szenen des Neuen Testamentes auf der Südseite als Erfüllung der Heilsgeschichte sind solche des Alten Testamentes zugeordnet, die aus theologischer Sicht die Ankündigung darstellen. So steht zum Beispiel ganz im Osten der Verkündigung die Verheißung Isaaks gegenüber. Je zwölf Szenen finden sich paarweise angeordnet und schildern in Kurzform das heilige Geschehen gleich einer Bilderbibel. In den Gewölbezwickeln finden sich noch zugeordnete Propheten und Heilige mit Spruchbändern, die von einer gemalten Architektur umfangen werden. Sehr schön sind die fantasievollen Ornamente, mit denen Gurtbögen und Gewölberippen verziert wurden. Eine nur gemalte Längsrippe trennt in allen drei Jochen Altes und Neues Testament.

Detail der Gewölbeausmalung des Mittelschiffes: Gegenüberstellung der Kreuzabnahme mit der Aufrichtung der ehernen Schlange als Heilszeichen durch Moses

Spätgotische Schiffermadonna mit den modernen Hecker-Fresken

Einst waren auch die übrigen Gewölbe, Wände und Pfeiler bemalt, wovon allein noch der Nikolaus- und Katharinenzyklus der zum Innenraum geöffneten Turmkapellen und die Dreikonigsdarstellung innen über dem Westportal erhalten blieben. Wenn schon eine einfache Pfarrkirche derart aufwendig ausgemalt war, wie prachtvoll müssen dann erst die großen Stifts- und Klosterkirchen im Inneren ausgesehen haben?

Schiffermadonna

In einer Nische der Westwand des nördlichen Seitenschiffes ist eine wunderbare spätgotische Holzfigur der Gottesmutter aufgestellt, die als seltenes Beispiel im Rheinland dem Typus der sogenannten Schönen Madonnen folgt. Die reichen Faltenkaskaden des Gewandes, die Haltung in Form eines S-Schwunges sowie der liebliche Ausdruck von Mutter und Kind sind Kennzeichen dieses Skulpturentyps des späten Mittelalters. Erst nach der Säkularisation gelangte die Figur aus der Zisterzienserinnenabtei Walberberg am Vorgebirge nach Maria Lyskirchen, wo sie zunächst außen am Chor angebracht worden war. Nachdem man sie ins Innere geholt hatte, durfte Peter Hecker 1930 die Nische mit der originellen Szene der die Muttergottes grüßenden Rheinschiffer ausmalen.

Köln-Düsseldorfer

GROSS SANKT MARTIN

Planlos zur Vollkommenheit

Der Vierungsturm ist ein wesentlicher Bestandteil des Kölner Rheinpanoramas.

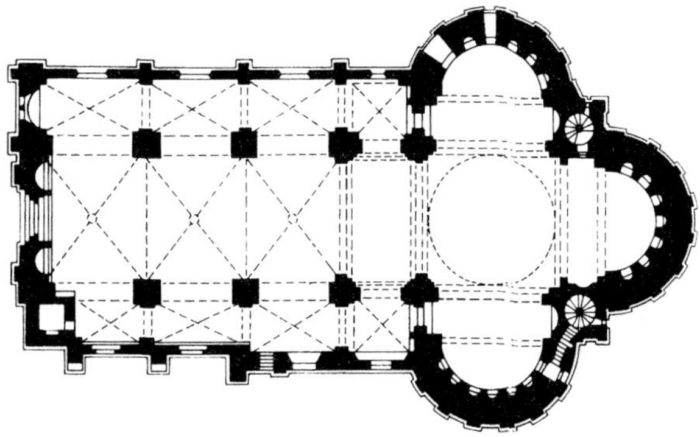

DAS BESONDERE

Neben dem Dom ist der Turm von Groß Sankt Martin das Wahrzeichen des Kölner Rheinpanoramas. Die großartige Idee der Benediktiner, den Dreikonchenchor ihrer Abteikirche mit einem Vierungsturm zu krönen, führte zu einem der schönsten Turmbauten der Romanik überhaupt. Umso überraschender ist die Erkenntnis, dass sein wie aus einem Guss erscheinender, harmonischer Aufbau das Ergebnis mehrfacher Planwechsel während der Bauarbeiten ist. Das Langhaus wiederum ist neben dem Kuppelbau von Sankt Gereon die zweite romanische Kirche Kölns, die frühgotische Einflüsse Nordfrankreichs verarbeitet.

Neben der spätromanischen Architektur ist die archäologische Ausgrabung in der modernen Unterkirche die zweite Besonderheit Groß Sankt Martins. Hier kann jeder Besucher eine spannende Zeitreise von den Römern bis hin in das Hochmittelalter unternehmen. Übrigens: »Groß« ist Sankt Martin tatsächlich. Der Namenszusatz diente aber zur Unterscheidung von Klein Sankt Martin, der nicht allzu weit entfernt liegenden Pfarrkirche von Sankt Maria im Kapitol.

Innenraum nach Westen

BAUGESCHICHTE

Ausgrabungen beim Wiederaufbau der schwer kriegszerstörten Martinskirche und ihrer Umgebung in den 1970er-Jahren brachten derart eindrucksvolle Befunde zutage, dass man sich entschloss, jene zumindest im Bereich unter dem Dreikonchenchor dauerhaft zugänglich zu machen. Farbig markierte Grundrisstafeln geben vor Ort einen Überblick über mehrere Bauphasen, deren Grundmauern hier zu sehen sind. Zunächst einmal sind die Begrenzungsmauern des archäologischen Bereichs bemerkenswert. Sie sind gleichzeitig die mächtigen Fundamente des Dreikonchenchores. Sie zeigen, wie sorgfältig der mittelalterliche Baumeister seine Kirche auf dem schwierigen Baugrund einer ehemaligen Rheininsel abgesichert hat. Basaltsäulen aus Unkel und damit das stabilste Steinmaterial, das es überhaupt gibt, stapelte er auf und verband das Ganze mit reichlich Mörtel und Bruchsteinen. Neben dem sogenannten Kunibertspütz unter Sankt Kunibert ist dies die einzige Möglichkeit, die Fundamente einer der romanischen Kirchen Kölns zu studieren.

Weitaus spektakulärer sind jedoch die Mauern aus römischer Zeit, die hier freigelegt werden konnten. Schon im 1. Jahrhundert n. Chr. entstand hier ein großes Wasserbecken in beeindruckenden Ausmaßen (34 x 17 Meter), dessen südwestliche Ecke hier sichtbar ist. Aufgrund seiner Tiefe von 1,7 Metern und einer hineinführenden Treppe auf der gesamten Breite der nördlichen Schmalseite erinnert es sofort an ein Schwimmbecken. Selbst der sorgfältig mit Tuffplatten und Randsteinen versehene, 5 Meter breite Beckenrand ist innerhalb des archäologischen Bereichs erhalten und wirkt tatsächlich wie zu einem Schwimmbad gehörend. Das Becken war Teil eines großen, mit Mauern umfriedeten Geländes mit einem Sandplatz, was ebenfalls zur Nutzung als Sportstätte passen würde.

Schon nach wenigen Jahrzehnten gaben die Römer diese Anlage wieder auf und überbauten das aufgeschüttete Gelände schließlich Mitte des 2. Jahrhunderts mit großen Speicherhallen. Die Größe dieser rechtwinklig zueinander stehenden Hallen erinnert fast an Speicherbauten des 19. Jahrhunderts. Eindrucksvoll wird hier sichtbar, wie modern und perfekt die Logistik der Römerzeit war. Zwei Pfeilerreihen trugen den Zwischenboden der vermutlich zweigeschossigen Anlage. Die Dreischiffigkeit der Speicherhallen ließ es naheliegend erscheinen, dass der südwestliche Teil im 10. Jahrhundert durch Erzbischof Bruno I. von Köln (Amtszeit 953–965) in eine Kirche umgewandelt wurde – einfacher war ein dreischiffiger Sakralraum nicht zu gewinnen! Wie einige der römischen Speicherhallenpfeiler im archäologischen Bereich zeigen, wurden sie damals etwas zurückgearbeitet, um ein Basisprofil einzumeißeln, und anschließend verputzt. Die höher liegenden Mauerreste im westlichen Teil mit ihrer charakteristischen Rundung gehören schon zu einem Krypteneinbau des 11. Jahrhunderts. Beim Hinausgehen betritt der Besucher den fast zweitausend Jahre alten Plattenboden des Schwimmbadbereichs. Die Mauer rechts der hinaufführenden Treppe ist die Nordwand der römischen Speicherhalle, auf der die Seitenschiffwand der romanischen Kirche ruht. So wird die Breite des Langhauses der heutigen Kirche bis heute durch die Abmessungen und Mauern der Antike bestimmt. Mit wenigen Schritten folgt der Besucher der Entwicklung von den Römern zur Romanik – bequemer und erkenntnisreicher kann Geschichte nicht vermittelt werden.

Die Unterkirche bietet einmalige Einsichten in die Vorgängerbauten und Fundamente der Kirche.

Nachdem ein Brand im Martinsviertel 1150 auch die Kirche der Benediktiner schwer beschädigt hatte, entschlossen sich die Mönche, die aus unterschiedlichen Zeiten stammende Ruine niederzureißen, um einem anspruchsvollen Neubau Platz zu machen. 1172 konnte der Dreikonchenchor geweiht werden. Ein weiterer Brand 1185 war der Anlass, dessen Baugestalt eingreifend zu verändern. Auf das beibehaltene Erdgeschoss des Dreikonchenchores setzte der Baumeister nach einem neuen Plan ein hohes Obergeschoss, dem er innen die elegante zweischalige Wandgliederung gab, wie sie heute noch zu sehen ist. Nun wurde auch das Langhaus neu gebaut, das in Form einer dreischiffigen Emporenbasilika begonnen wurde. Währenddessen fassten die Mönche den Entschluss, die Vierung und damit den Ort ihres Chorgebetes mit einem mächtigen quadratischen Turm zu betonen. Die achteckigen Begleittürmchen, welche an den Ecken ansetzen und wohl auf normannische Vorbilder zurückgehen, wurden im Westen unbekümmert auf das Gewölbe der gerade begonnenen Langhausemporen gesetzt, die aus statischen Gründen sogleich wieder zum Mittelschiff hin vermauert werden mussten. Doch damit waren die Bauherren immer noch nicht zufrieden. Um 1230 beschlossen sie, den Vierungsturm um ein Geschoss aufzustocken, wofür die schon fertige Zwerggalerie wieder vermauert werden musste. Auch das Langhaus erhielt nun erst seine endgültige Gestalt als dreischiffige Basilika in schon frühgotischen Formen. Abschließend entstand vor dem Hauptportal noch die Vorhalle, die nach der Zerstörung im Zweiten Weltkrieg nicht wieder aufgebaut wurde. Erst 1984 war die schwer beschädigte Martinskirche in ihrer alten Gestalt wiederhergestellt.

ARCHITEKTUR

Ursprünglich betrat der Besucher die Kirche durch eine niedrigere und dunklere Vorhalle vor dem Westportal und erlebte durch den Kontrast zum hohen und lichten Mittelschiff den Innenraum umso eindrucksvoller. Heute muss man das moderne Portal im südlichen Seitenschiff benutzen und sich dadurch erst einmal im Raum orientieren, bevor dessen Schönheit erkennbar wird. Von großartiger Wirkung ist der Dreikonchenchor. Das Vorbild von Sankt Maria im Kapitol wird hier durch den Verzicht auf den Säulenumgang kompakter aufgefasst, deut-

Ostapsis mit Nischen und doppelschaligem Mauerwerk

lich in die Höhe gesteigert und mit einer völlig neuartigen Wandgestaltung versehen. Unten sind die Wände des Kleeblattchores in jeweils sieben Nischen zwischen Säulen aufgelöst – ein Architekturmotiv, das sehr an römische Vorbilder erinnert, die der Baumeister damals noch in den Überresten des antiken Köln gesehen haben könnte. Oberhalb einer breiten Wandzone, die ursprünglich Malereien trug, wächst die doppelschalig angelegte Fensterwand auf. Sehr reizvoll sind die überaus schlanken Säulen, die auf einem quadratischen Postament zunächst achteckig, dann rund angelegt sind und frei vor der Wand stehen. Sie scheinen das schwere Gewölbe zu tragen, das tatsächlich aber auf der dicken Außenwand ruht. Am Übergang zu den Vierungspfeilern gliedern zwei Reihen von Rundbogenarkaden die Wände, was auf das Vorbild römischer Stadttore verweist.

Das Langhaus zeigt im östlichen Teil noch den ursprünglichen Bauplan einer Emporenkirche. Die Arkaden zur Empore sind zugemauert worden, als man sich für den großen Vierungsturm mit seinen nun

Kapitell mit Eckfigürchen

auch im Westen vorgesehenen Kantentürmchen entschied, die hier auf dem Emporengewölbe aufsitzen. Nach einem Planwechsel verzichtete der Baumeister des Langhauses auf Emporen zugunsten eines höheren Mittelschiffes mit Fenstern und Triforium. Sind die Arkaden zu den Seitenschiffen als Zugeständnis an die spätromanischen Ostteile noch rundbogig geführt, zeigen das spitzbogige Triforium und das Rippengewölbe samt Dienstbündel nun Formen der nordfranzösischen Frühgotik, die hier gleichzeitig mit Sankt Gereon im Rheinland eingeführt werden. Die Westwand greift auf geniale Weise die Bauformen der Ostteile auf, übersetzt sie aber in die neue Formensprache. Die Nischenwand unten und der zweischalige Aufbau darüber wurden vorbildhaft für die Westwände der Zisterzienserabteikirche Heisterbach im Siebengebirge (zerstört) und der Damenstiftskirchen in Neuss und Düsseldorf-Gerresheim.

Das vortretende Mauerwerk in der Westecke des südlichen Seitenschiffes erinnert daran, das sich hier die einstige Pfarrkirche Sankt Brigida anschloss. Sie nutzte als Glockenträger einen Turm der Westfassade des Vorgängerbaus von Groß Sankt Martin, der im südlichen Seitenschiff des Neubaus der Abteikirche stehenblieb und dessen Mauern hier teilweise in dieser Ecke noch zu sehen sind.

HÖHEPUNKTE DER AUSSTATTUNG

Von der einst reichen Ausstattung, die dem architektonischen Aufwand in Nichts nachstand, hat sich fast nichts mehr erhalten. Ein kleiner Rest des figürlichen Fußbodenmosaiks der romanischen Kirche am Ostende des südlichen Seitenschiffes lässt die vergangene Pracht schmerzlich vermissen. Der achteckige Taufstein im nördlichen Seitenschiff erscheint fast wie ein überarbeiteter antiker Pfeilerkämpfer. Die Bemalungsreste, die sich noch an einigen Stellen der Kirche finden, sind nicht Spuren der Ausmalung der Romanik, sondern des Historismus. Beim Wiederaufbau der Kirche nach der Kriegszerstörung konnte man sich leider nicht dazu durchringen, das prachtvolle Ausmalungskonzept des späten 19. Jahrhunderts zu rekonstruieren, von dem die verwaschenen Reste jedoch keine Vorstellung mehr vermitteln können.

Taufstein

SANKT PANTALEON

Sorge um das Seelenheil

Gewölbe des ehemaligen Schatzhauses

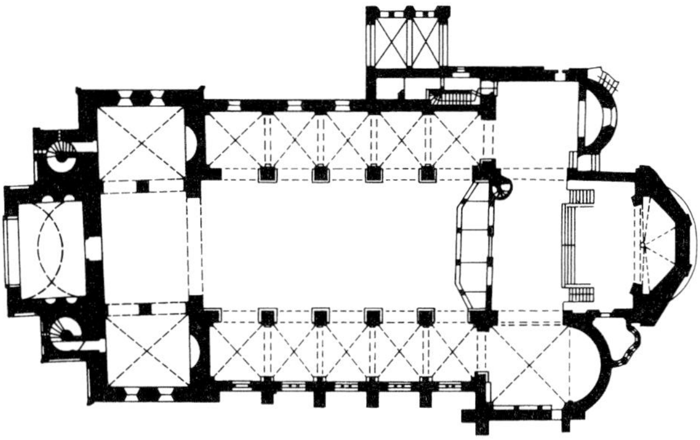

DAS BESONDERE

Mittelschiff und Westbau der Pantaleonskirche sind nicht nur ebenso seltene wie hochkarätige Zeugnisse deutscher Architektur des 10. Jahrhunderts. Sie entstanden zudem im Auftrag zweier der bedeutendsten Mitglieder der ottonischen Herrscherdynastie, Bruno und Theophanu, die hier auf eigenen Wunsch ihre Grablegen fanden. Trotz Teilverlust blieben gleich zwei Reliquienschreine als qualitätvolle Zeugnisse der romanischen Kölner Goldschmiedekunst erhalten. Einzigartig innerhalb der rheinischen Spätgotik ist der prachtvolle Lettner.

BAUGESCHICHTE

Südwestlich vor der römischen Stadtmauer ließ sich Erzbischof Bruno I. von Köln (Amtszeit 953–965) in einer dem heiligen Pantaleon geweihten Kirche beisetzen. Sein früher Tod verhinderte, dass er noch zu Lebzeiten hier die von ihm projektierte Benediktinerabtei errichten konnte, was nun mit den in seinem Testament vorgesehenen Geldmitteln geschah. Bruno war als Erzbischof von Köln und Herzog von Loth-

Mittelteil des spätgotischen Lettners

ringen die wichtigste politische Stütze seines Bruders Kaiser Otto I. im Westen des Reiches. Trotz seiner vielfältigen Aufgaben war er derjenige Erzbischof, der Köln durch mehrere Gründungen von Stiften auch zu einer geistlichen Stadt machte und ihr so neue Bedeutung verlieh. Für sein persönliches Seelenheil betrieb er die im Mittelalter maximale Vorsorge einer exklusiven Abteigründung. 980 konnte die Kirche von seinem Nachfolger geweiht werden. Kaiserin Theophanu, Gemahlin von Brunos Neffen Otto II. und bis zu ihrem Tod 991 Regentin für ihren noch unmündigen Sohn Otto III., wählte die Pantaleonskirche ebenfalls als Grablege. Vermutlich bedingt durch eine lebensbedrohliche Erkrankung, die sie im Winter 988/989 in Köln auskurierte, traf auch sie ihre Vorkehrungen zur Absicherung des Seelenheils. Als Grabstätte ließ sie das heutige Westwerk in monumentaler Form der Pantaleonskirche vorbauen.

In der zweiten Hälfte des 12. Jahrhunderts erweiterten die Benediktiner ihre bisher nur aus einem Saalraum bestehende Kirche um zwei Seitenschiffe zur dreischiffigen Basilika. Anfang des 13. Jahrhunderts entstand der große Kreuzgang neu, von dem nach dem Abriss im frühen 19. Jahrhundert nur zwei Joche mit dem darüberliegenden Schatzhaus erhalten blieben. 1620–1622 beauftragten die Mönche Christoph Wamser, den Architekten der Kölner Jesuitenkirche Sankt Maria Himmelfahrt, mit einem Neubau des Chores und einer Einwölbung des Mittelschiffes in gotisierenden Formen. Im 18. Jahrhundert wurde das mittlerweile liturgisch funktionslose und zum Mittelschiff hin abgemauerte Westwerk durch Teilabbrüche schwer verstümmelt, konnte aber 1890–1892 in der heutigen Form mit dem zu kurzen Westflügel rekonstruiert werden. Die schweren Zerstörungen im Zweiten Weltkrieg machten einen langwierigen Wiederaufbau bis 1983 notwendig. Es kann als großes Glück für Sankt Pantaleon bezeichnet werden, dass damals der weitläufige ehemalige Abteibezirk samt Umfassungsmauer beibehalten werden konnte.

ARCHITEKTUR

Wer das Mittelschiff betritt, steht im ältesten Teil der Pantaleonskirche aus der zweiten Hälfte des 10. Jahrhunderts. Will man eine Vorstellung der ursprünglichen Raumwirkung gewinnen, muss man sich zunächst

Ottonisches Westwerk in Kreuzform

die nachträglich hinzugefügten Seitenschiffe wegdenken. Der monumentale Kirchensaal war innen und außen mit hohen Rundbogenblenden verziert. Anstelle des heutigen Chores befand sich eine halbrunde Apsis. Was nach Brunos Vorstellungen hier nach seinem Tod errichtet wurde, folgt dem Vorbild spätantiker Thronsäle, wie er am großartigsten noch in der Trierer Palastaula Kaiser Konstantins erhalten ist. Anstelle des Herrschersitzes in der Apsis stand nun der Hauptaltar. Vermutlich war es Brunos kaiserliche Abstammung, die ihm diese Architekturidee eingab. Denn sein zweiter erhaltener Kirchenbau, Sankt Patroklus in Soest, zeigte ursprünglich die gleiche Bauform und wurde noch zu Lebzeiten Brunos verwirklicht.

Theophanu wiederum ließ in ihrem kreuzförmigen Westbau Ideen ihrer byzantinischen Heimat verwirklichen, wie die hohen Arkaden im Obergeschoss zeigen, die den Mittelraum umfangen. Der von der Kaiserin gestiftete Benediktinerinnenkonvent nutzte die Emporen als Versammlungsraum, um für das Seelenheil der unmittelbar hinter dem Hauptportal begrabenen Theophanu zu beten. Im Laufe des 12. Jahrhunderts quartierten die Mönche ihre Mitschwestern nach Königsdorf und Sankt Mauritius in Köln aus, wo eigenständige Frauenklöster entstanden. Der Außenbau des Westwerkes ist weitgehend eine Rekonstruktion des späten 19. Jahrhunderts, wobei der einst doppelt so lange Westarm um die Hälfte reduziert wurde. Ursprünglich war die Westfassade mit Figuren geschmückt, die Christus zwischen Engeln und den in Pantaleon verehrten Heiligen zeigten. Damit übertrug Theophanu den Gedanken eines antiken Triumphbogens auf eine Kirchenfassade und machte diese gleichsam zu einem eindrucksvollen Torbau der symbolhaft verwirklichten Himmelsstadt. Trotz seiner rudimentären Erhaltung gehört das Westwerk der Pantaleonskirche damit zu den bedeutendsten architektonischen Zeugnissen der Ottonenzeit in Deutschland. Übrigens: An den Seitenarmen finden sich im mittelalterlichen Tuffmauerwerk römische Ziegel in Zweitverwendung.

Der ab 1620 neu errichtete Chorraum ist insofern bemerkenswert, als er damals auf spätgotische Bauformen zurückgriff, wie sie ein Jahrhundert zuvor gebräuchlich waren. Sogar die erhaltenen Glasmalereien stehen noch in dieser Tradition. Die Benediktiner wollten mit diesem bewussten Rückgriff in die Zeit vor dem Aufkommen der Reformation eine unübersehbare Aussage machen, was für sie der wahre Glaube war.

HÖHEPUNKTE DER AUSSTATTUNG

Lettner

Dass dieses Prunkstück spätgotischer Steinmetzkunst überhaupt bis heute erhalten blieb, verdanken wir der Rücksichtnahme der Mönche. Denn Ende des 17. Jahrhunderts ließen sie den Lettner zwar als unzeitgemäß abbrechen, versetzten ihn aber anschließend vor die Westwand, wo er nun als Orgelempore diente. Eingemauert überstand er

Blick vom Mittelschiff in das Westwerkinnere

den Zweiten Weltkrieg und konnte 1957 wieder als Trennschranke zwischen den einstigen Bereich der Laien und Mönche zurückversetzt werden. Die verlorene Rückwand wurde modern ergänzt. Wie das Wappen zu Füßen der Gottesmutter zeigt, stiftete Abt Johannes Lüninck 1502/1503 den Lettner. Gleich einem himmlischen Hofstaat wird Maria seitlich begleitet von den heiligen Pantaleon und Albinus, eine Stufe tiefer von den heiligen Maurinus und Benedikt. Die Konsolen der beiden letzteren erinnern mit den Büsten von Bruno und Theophanu an die bedeutendsten Wohltäter der Abtei. Mit Kielbögen, Fialen, Blend- und Hängemaßwerk führt der Lettner wie ein Musterbuch die reiche Formenpalette spätgotischer Architektur eindrucksvoll vor Augen.

Reliquienschreine

Vor dem Lettner finden sich in modernen Vitrinen zwei bedeutende Zeugnisse Kölner Goldschmiedekunst der Romanik, auch wenn ihr Figurenschmuck Ende des 18. Jahrhunderts geplündert wurde.

Der Maurinus-Schrein auf der Nordseite entstand um 1160 und gehört mit seinen figürlichen Emails zum Schönsten, was diese Kunstform im Mittelalter hervorgebracht hat. Den heiligen Maurinus entdeckte man »zufällig« 966 beim Baubeginn der heutigen Kirche. Angeblich informierte eine den Gebeinen beigefügte Bleiplatte, dass er ein von den Normannen als Märtyrer getöteter Abt war. Damit besaß das damals gegründete Kloster sogleich einen eigenen Hausheiligen.

Der Albinus-Schrein auf der Südseite entstand in der gleichen Werkstatt wie der um 1183 entstandene Siegburger Anno-Schrein. Seine überragende Qualität zeigt sich hier nicht nur in den Emails, sondern vor allem in den Goldschmiedearbeiten wie dem gegossenen, mit geschliffenen Bergkristallen und Knäufen verzierten Kamm und den Filigranarbeiten der Edelsteinfassungen. Die Reliquien des heiligen Märtyrers erhielt Theophanu bei ihrer letzten Romreise im Winter 989/990 persönlich durch den Papst. Ursprünglich ruhten seine Gebeine auf einem Altar unmittelbar hinter dem Grab der Kaiserin im Westwerk, sodass sie beim Tag des Jüngsten Gerichtes sogleich einen wirkmächtigen Fürsprecher zur persönlichen Verfügung hatte. Laut Inschrift am Schrein identifizierte man zumindest im 12. Jahrhundert Albinus mit dem ersten englischen Märtyrer Alban. Dies kam nicht von ungefähr, war damals Köln doch der wichtigste englische Handelspartner auf dem Kontinent. So hofften die Mönche, auch zahlungskräftige englische Kaufleute als Pilger in die Pantaleonskirche zu locken.

Theophanu-Sarkophag

Weniger aus künstlerischer, denn aus historischer Sicht ist der 1965 von Sepp Hürten aus griechischem Marmor geschaffene Sarkophag in der nördlichen Seitenkapelle des Westwerkes bemerkenswert, ruht darin doch eine der bedeutendsten Frauen des Mittelalters. Mit nur zwölf Jahren aus dem Luxus des byzantinischen Kaiserpalastes herausgerissen und aus politischen Gründen mit Kaiser Otto II. verheiratet, musste sich die junge Frau nicht nur in einen völlig fremden Kulturkreis einleben, sondern auch sofort in ihre neue Rolle als Kaiserin hineinwachsen. Denn schon ein Jahr nach der Hochzeit starb ihr Schwiegervater Kaiser Otto I. Mit nur 23 Jahren war sie schon Witwe und beherrschte als erfolgreiche Regentin für ihren einzigen Sohn Otto III. halb Europa, bevor sie als Dreißigjährige schon starb. Als erste byzantinische Braut eines deutschen Herrschers kam ihr eine wichtige Mittlerfunktion zwischen der hochstehenden Kultur ihres Heimatlandes und dem in vielen Bereichen unterentwickelten Reich zu. Spätere, natürlich klerikale Kritiker bemängelten, dass durch Theophanu erst der aus ihrer Sicht sündhafte Luxus an den deutschen Hof gekommen wäre und die Frauenwelt entsprechend verdorben hätte.

Moderner Sarkophag der Kaiserin Theophanu

SANKT SEVERIN

Erkenntnisreicher Untergrund

Spätgotischer Kreuzgang

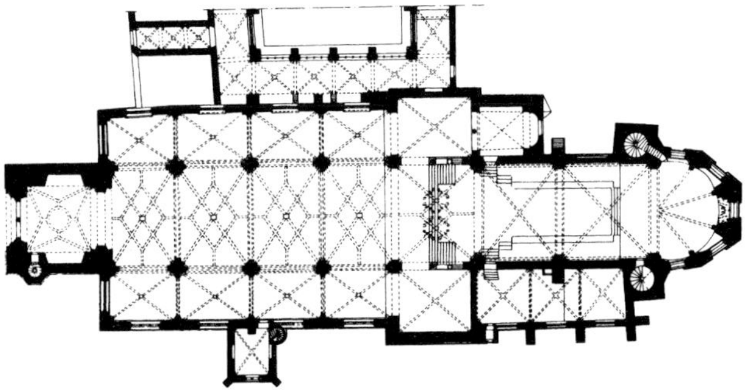

DAS BESONDERE

Ein Weg zur Severinskirche in der Kölner Südstadt lohnt gleich aus dreierlei Gründen: Zum einen bietet die seit 1956 unter dem Langhaus nur mit Führung zugängliche archäologische Ausgrabung einmalige Einblicke in einen Ausschnitt des römischen Gräberfeldes im Süden der antiken Stadt und in die Vorgängerbauten der heutigen Kirche. Zum anderen durchschreitet der Besucher auf dem Weg in den Ausgrabungsbereich eine sogenannte Stollenkrypta aus dem 10. Jahrhundert und damit die älteste erhaltene Kölner Kryptenanlage zur Verehrung heiliger Reliquien. Und schließlich wartet der Langchor mit der reichhaltigsten Ausstattung auf, die in einer romanischen Kirche Kölns erhalten blieb.

BAUGESCHICHTE

Beiderseits der Severinstraße, die noch heute exakt der von Köln nach Bonn führenden römischen Fernstraße folgt, lag nach antiker Sitte ein riesiger Friedhof mit teils monumentalen Grabbauten. Das Grabmal

Innenraum nach Osten

Die Krypta besitzt noch umfangreiche Reste der spätromanischen Ausmalung.

des Poblicius, das am Clodwigplatz ausgegraben wurde – heute eines der Prunkstücke des Römisch-Germanischen Museums in Köln –, vermittelt noch eine gute Vorstellung von deren Pracht. Daneben gab es natürlich auch schlichtere Begräbnisse, entsprechend den finanziellen Möglichkeiten, wie im Ausgrabungsbereich unter Sankt Severin einige Fundamente kleinerer Grabbauten zeigen. Inmitten des antiken Friedhofes entstand im 4. Jahrhundert ein kapellenartiger Bau mit einer nach Westen ausgerichteten Apsis. Hier entwickelte sich der Kult um den heiligen Kölner Bischof Severin, der angeblich hier begraben worden war. Und so wurde dieser kleine Bau bis in karolingische Zeit immer wieder erweitert, blieb aber im Kern bestehen.

Vermutlich nach der Einrichtung eines Kanonikerstiftes Ende des 8. Jahrhunderts wurde diese Kirche durch eine dreischiffige Basilika ersetzt, die mit ihrem Hauptchor immer noch nach Westen ausgerichtet war. Als Baumaterial stapelte man damals einfach mit Schutt verfüllte römische Sarkophage aufeinander, die damals wohl noch in reicher

Zahl verfügbar waren. Eindrucksvoll ist diese ungewöhnliche Bauweise noch im Ausgrabungsbereich zu sehen. Die liturgische Neuausrichtung nach Osten führte im 10. Jahrhundert wiederum zu einem völligen Neubau, nun aber mit soliderem Mauerwerk. Die 948 erwähnte Stollenkrypta gehört zu dieser Kirche. 1043 ließ Erzbischof Hermann II. von Köln (Amtszeit 1036–1056) diese Krypta erheblich nach Osten erweitern und darüber einen Langchor als exklusiven Bereich der Stiftsherren errichten. 1237 wurde dann dieser Langchor eingewölbt und nochmals nach Osten zur heutigen Gestalt erweitert. Das Langhaus erscheint heute überwiegend in gotischer Gestalt, enthält aber noch größere Anteile an romanischer Bausubstanz. Nur der 1393 vorgesetzte Westturm ist vollständig ein Bauwerk der Spätgotik, war aber, wie auch das Langhaus, erst im 16. Jahrhundert vollendet. Bei all diesen Baumaßnahmen blieb aber der kleine Gründungsbau des 4. Jahrhunderts sowohl für die Ausrichtung der Kirche wie auch die Mittelschiffbreite bestimmend. Er liegt heute unter dem östlichen Mittelschiffjoch.

Nach der Auflösung und Enteignung des Stiftes in der Säkularisation verschwanden allmählich die Stiftsgebäude im Norden der Kirche. Noch 1863 ließ die Pfarrei den gotischen Kreuzgang bis auf Teile des Südflügels abreißen. Fast wäre die Severinskirche glimpflich durch den Zweiten Weltkrieg gekommen, bis sie Anfang Januar 1945 doch einen schweren Bombentreffer im Turmbereich erhielt. Erst 1961 waren die Schäden beseitigt. Damals rekonstruierte man auch zwei Flügel des gotischen Kreuzgangs.

ARCHITEKTUR

Wer die Severinskirche durch den Haupteingang betritt, dem zeigt sie zunächst ihre gotische Seite. Der mächtige Westturm mit seinem großen Maßwerkfenster, dessen Gewände zugleich das Hauptportal rahmt, dem Blendmaßwerk und umlaufender Maßwerkgalerie wurde 1393 vom Schutzvogt des Stiftes, Herzog Wilhelm I. von Berg begonnen. Damit wollte dieser die neue Herzogswürde seines Hauses, die er 1380 erhalten hatte, auch in Köln demonstrieren. Dies erklärt die deutliche Anlehnung an den Westturm der Düsseldorfer Lambertuskirche, die von ihm als Hauptkirche seiner neuen Residenzstadt errichtet worden war. Leider geriet Wilhelm kurz nach Baubeginn des

Turmes während eines lokalen Krieges in die Gefangenschaft seiner ihm feindlich gesinnten Verwandtschaft. Das gezahlte Lösegeld führte zum wirtschaftlichen Ruin des Herzogs, sodass auch der Kölner Turmbau unvollendet bleiben musste. Erst Anfang des 16. Jahrhunderts rafften sich die Stiftsherren von Sankt Severin auf, ihren Turm aus eigenen Mitteln fertigzustellen.

Das Innere des Westturmes ist schon Teil des Mittelschiffes, dessen Weite überrascht. Schon in die Spätgotik verweisen die Netzrippengewölbe und Maßwerkfenster. Die niedrigen Querarme und der dank der Krypta hoch gelegene Langchor haben ihre romanische Gestalt deutlich sichtbar bewahren können. Der 1043 geweihte Langchor der Severinskirche dürfte vorbildhaft gewesen sein für die beiden Stiftskirchen Sankt Gereon und Sankt Andreas in Köln (letzterer nicht mehr erhalten) und das Bonner Münster. Diese besondere Bauform ermöglichte es den Stiftsherren, ihre Stundengebete deutlich abgeschiedener vom Langhaus zu halten als in anderen Kirchen. Ganz am Ende der spätromanischen Epoche ließen die Stiftsherren die bisherige hölzerne Flachdecke durch ein schon frühgotisch geprägtes Rippengewölbe ersetzen. Die 1237 geweihte Chorerweiterung ist zwar innen traditionell halbrund mit zweigeschossiger Gliederung aus Nischen und Laufgang gestaltet, außen aber schon fünfseitig ausgebildet. Hier lehnten sich die Stiftsherren wohl an die Querhausgestaltung des Bonner Münsters an, worauf auch die äußere Zwerggalerie hinweist. Die mittlere Nische des Chores ist mit einem besonders aufwendigen Ziergewölbe mit hängendem Schlussstein ausgestattet, da sich hier von Anbeginn ein weiterer Altar hinter dem Hochaltar befand.

In der langgezogenen Krypta, die aufgrund des zum Rhein hin abfallenden Geländes oberirdisch liegt, sind drei Bauphasen deutlich erkennbar. Im Westen liegt die Stollenkrypta des 10. Jahrhunderts, die es den Gläubigen ermöglichte, die ursprünglich im Mittelteil verwahrten Reliquien des heiligen Kölner Bischofs Severin verehrend zu umrunden. Eine Öffnung im Gewölbe des Mittelteils reichte ursprünglich hinauf bis zum einstigen Kreuzaltar vor der Chorschranke und gewährleistete so auch bei nicht geöffneter Krypta den Kontakt zum Heiligengrab. Im 12. Jahrhundert wurde vor der Stollenkrypta ein Altar errichtet, von dem noch die beiden Kalksinterplatten mit Rahmung erhalten blieben. Der übrige Kryptenraum gehört mit seinen rechteckigen Pfeilern der Bauphase des 11. Jahrhunderts an, während die achteckigen Stützen

1237 war der spätromanische Choranbau vollendet.

im Osten erst im frühen 13. Jahrhundert entstanden. Im Ostteil blieben auch noch größere Reste der spätromanischen Ausmalung erhalten, die anschaulich vor Augen führt, wie flächendeckend und bunt der Freskenschmuck eines Kirchenraumes in der Romanik war. Auch hier gibt es wiederum eine heute zugesetzte Öffnung hinauf in den Langchor, um eine akustische und ideelle Verbindung der beiden Räume zu ermöglichen.

HÖHEPUNKTE DER AUSSTATTUNG

Die bedeutendsten Teile der Ausstattung befinden sich im Langchor, der damit ein fast noch vollständiges Bild einer mittelalterlichen Kirchenausstattung bietet.

Chorgestühl

Zu beiden Seiten des Langchores zieht sich das zweireihige Chorgestühl mit 62 Sitzen hin. Hier versammelten sich nicht nur die rund vierzig Kanoniker zum Chorgebet, sondern auch noch die Vikare, die im Spätmittelalter in allen Stiftskirchen zum Lesen der vielen gestifteten Messen an den zahlreichen Nebenaltären angestellt worden waren. Nur noch in Sankt Severin, Sankt Andreas und dem Dom blieb ein solches Chorgestühl in Köln erhalten. Jenes der Severinskirche ist zugleich das älteste in Köln erhaltene und war bei der Chorweihe 1237 vollendet. Aus Eichenholz gefertigt zeigt es an den vielen Handknäufen, Wangen und den Stützen der Klappsitze eine ganze Menagerie an Monstern, Tieren, Pflanzen und Menschenfiguren.

Fußboden

In der Mitte des Langchores hat sich ein Teil des einst wohl den ganzen Chor ausfüllenden Schmuckfußbodens aus dem 12. Jahrhundert erhalten. Neben jenem in der Apsis von Sankt Kunibert ist er das einzige in Köln erhaltene Beispiel dieser an römischen Vorbildern angelehnten Ausstattungskunst. Neben Schiefer- und Kalkplatten finden sich in dem reich gemusterten Fußbodenrest auch viele Marmorsorten, die offensichtlich einst prunkvoll ausgestatteten Ruinen des römischen Köln entnommen und hier wiederverwendet worden waren.

Severinszyklus

Oberhalb des Chorgestühls hat sich ein umfangreicher Bilderzyklus zum Leben und zur Verehrung des heiligen Severin erhalten. Die Leinwandgemälde stifteten Kanoniker und Patrizier in den Jahren zwischen 1499 und 1501. Sie werden am unteren Bildrand genannt und auch als Stifterfiguren teilweise dargestellt. Inschriften erläutern das Geschehen der auf den Bildern dargestellten Heiligenlegende. Besonders interessant sind jene Gemälde, welche die Übertragung der Reliquien in die Severinskirche und die Verehrung im Chor abbilden. Denn sie zeigen sowohl die damalige äußere Gestalt der Kirche wie auch die einst noch reichere Innenausstattung des Chores.

Romanischer Schmuckfußboden im Chor

Hochaltar

Neben dem Hochaltar von Sankt Ursula ist jener der Severinskirche das einzige erhaltene Beispiel einer Kombination aus Altar und Reliquienbehältnis. Denn hinter dem historistisch verzierten spätromanischen Altarblock tragen vier Säulen eine Platte, auf der sich der vergitterte Tresorkasten für den Schrein des heiligen Severin befindet. So war zum einen der wertvolle Schrein vor Dieben gesichert, während gleichzeitig Gläubige verehrend unter dem Aufbau hindurchziehen und das Heil des Heiligen trotzdem aufnehmen konnten. Die Metallverkleidung des kastenartigen Holzschreines aus dem 11. Jahrhundert ist, bis auf eine Scheibe im Kunstmuseum des Erzbistums (Kolumba), trotz dieser Sicherheitsmaßnahme nach der Besetzung Kölns durch die französischen Revolutionstruppen geplündert worden. Der heutige Schmuck des Schreines wurde im frühen 19. Jahrhundert neu geschaffen. 1999 ist der Reliquienschrein geöffnet worden. Im Holzkasten hatten sich als Umhüllung der heiligen Gebeine wertvolle frühmittelalterliche Leinen- und Seidenstoffe erhalten, die heute in einem Nebenraum der Krypta ausgestellt sind.

Der Hochaltar ist nicht nur dem heiligen Severin, sondern auch den Heiligen Kornelius und Cyprianus geweiht, die in Aachen-Kornelimünster bis heute verehrt werden. Von dort besorgte man sich kleine Reliquienpartikel, die bis heute in einem Horn in einem seitlichen Reliquienschrank aufbewahrt werden. Dieser reich mit Blendmaßwerk verzierte Wandschrank stiftete laut Inschrift 1383 der Kanoniker Jakob von Burtscheid. In ihm befindet sich noch ein Teil vom angeblichen Stab des heiligen Severin und ein seiner kostbaren Verzierung beraubtes Reliquienkreuz des 11. Jahrhunderts. An dessen Ende hängen zwei ägyptische Parfümflakons aus geschnittenem Bergkristall, die hier in Zweitverwendung zur würdigen Aufbewahrung von weiteren Reliquienpartikeln angehängt worden waren. In der Wandnische hinter dem Hochaltar befinden sich außerdem zwei um 1500 geschaffene Altartafeln, die neben dem heiligen Kornelius noch weitere in der Severinskirche verehrte Heilige zeigen. Die hohe Qualität der Tafelmalerei, die sich in der Gestaltung der prächtigen Brokatgewänder und des illusionistischen Kirchenraumes zeigt, geht auf den Einfluss der altniederländischen Malerei zurück, die damals in Köln begeistert aufgenommen wurde.

Gotischer Reliquienschrank

SANKT URSULA

Einträgliches Missverständnis

Bizarres Reliquienarrangement in der Goldenen Kammer

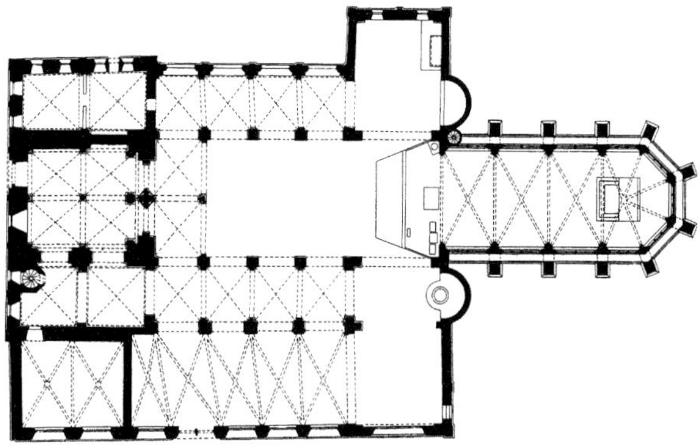

DAS BESONDERE

Die Ursulakirche ist, mit Ausnahme des wunderbaren gotischen Langchores, architektonisch wenig spektakulär. Einmalig hingegen ist der Reliquienkult der elftausend Jungfrauen, deren Gebeine man im Mittelalter gefunden zu haben glaubte. Ähnlich wie die Gereonskirche ist der Kirchenbau gleichsam als steinernes Reliquiar zu verstehen, das einst die Pilger mit einer überbordenden Präsentation Hunderter Schädel und Gebeine der vermeintlichen Märtyrerinnen geradezu überwältigte. Die sogenannte Goldene Kammer der Barockzeit gibt hiervon noch eine beeindruckende Vorstellung.

BAUGESCHICHTE

Archäologische Ausgrabungen beim Wiederaufbau der schwer im Zweiten Weltkrieg zerstörten Kirche legten die Überreste einer dreischiffigen frühchristlichen Basilika frei, die fast die Ausmaße des heutigen Langhauses zwischen Westbau und Chor erreichte. Auf diese Kirche bezieht sich vermutlich die im gotischen Chor eingemauerte

Spätgotische Darstellung der heiligen Ursula als Beschützerin der weiblichen Jugend

römische Inschrift, die um das Jahr 400 datiert wird. Darin wird berichtet, dass ein gewisser Clematius auf eigene Kosten diese Kirche vollständig neu errichtet habe, in Erfüllung eines Gelübdes, nachdem ihn Visionen der Märtyrerjungfrauen dazu ermahnt hätten. Die Inschrift schließt mit einem Bestattungsverbot innerhalb dieser Kirche, da hier die Jungfrauen ihr Blut vergossen hätten. Archäologisch ist dieser Kult erst im frühen 10. Jahrhundert mit dem Einbau eines kreuzförmigen steinernen Monumentes mit elf kleinen Grabkammern vor der Apsis zu fassen. Damals übernahmen die vor den plündernden ungarischen Reiterhorden von Gerresheim nach Köln geflüchteten Stiftsdamen die Ursulakirche. Das Damenstift existierte bis zur Säkularisation 1802.

Die heutige dreischiffige Emporenbasilika mit der Westempore für die Stiftsdamen entstand im zweiten Viertel des 12. Jahrhunderts zur würdigen Aufbewahrung der damals zu Tausenden geborgenen Gebeinen. Denn bei der Erweiterung der Kölner Stadtmauer in Vorbereitung der zu erwartenden Auseinandersetzung zwischen Kaiser Heinrich IV.

Blick von der Stiftsdamenempore durch das romanische Langhaus hin zum gotischen Chor

und seinem Sohn Heinrich V. schnitt der ausgehobene Graben 1106 den römischen Nordfriedhof des antiken Köln an. Damals übernahmen Benediktiner der Deutzer Abtei die Freilegung der Gräber, die alle kurzerhand zu den elftausend Märtyerinnen erklärt wurden, womit sich die immense Anzahl indirekt bestätigte. Da man davon ausgehen kann, dass die Deutzer Mönche der lateinischen Sprache mächtig waren und sicherlich auch die aufgefundenen und in der Regel sehr auskunftsfreudigen römischen Grabinschriften lesen konnten, kann das Festhalten am angeblichen Sensationsfund nur als wenig frommer Betrug bezeichnet werden. Als auch die Gebeine von Männern und Kindern in großer Zahl freigelegt worden waren, hielt man trotzdem an der Märtyrerinnenlegende fest. Der damalige Deutzer Abt beauftragte einfach seine in einem Kloster im Taunus lebende Schwester, sich in ihren damals auftretenen Visionen, auch mit dem ungelösten »Kölner Problem« zu beschäftigen. Das Erwartete geschah: Dank angeblich himmlischer Erscheinungen konnte die Nonne weiterhelfen, wodurch sich die Legende nun um den Bräutigam Ursulas, um männliches Begleitpersonal, Bischöfe, ja sogar um einen zurückgetretenen Papst erweiterte, natürlich mit Namen. Die Deutzer Mönche waren ebenfalls nicht faul und legten schließlich eine Liste mit fast neuntausend lateinisch klingenden Frauennamen an. Denn überall in Europa verbreitete sich die Nachricht von diesem einmaligen Fund und so kam vielerorts der Wunsch auf, ob man nicht ein komplettes Skelett einer solchen Jungfrau erhalten könnte, selbstverständlich mit Namen und ihrer Funktion innerhalb von Ursulas Hofstaat. Dass Ursula als Anführerin der heiligen Schar in der Legende zu einer englischen Prinzessin erklärt wurde, hängt schlicht mit der Tatsache zusammen, dass Köln im 12. Jahrhundert der wichtigste englische Handelspartner auf dem Kontinent war und erstmals einen Londoner Handelshof erhielt. So wollte man die einträglichen Geschäftskontakte mit dieser genialen PR-Aktion nicht nur intensivieren, sondern gleichsam unter himmlische Protektion stellen.

Nachdem der 1248 begonnene gotische Neubau des Kölner Domes immer weiter emporwuchs, entstand auch unter den Stiftsdamen von Sankt Ursula der Wunsch, den Altarraum ihrer Kirche in diesem neuen

Baustil neu zu errichten. So entstand um 1280 der heutige Langchor. Auch er wurde selbstverständlich ganz auf den stiftseigenen Reliquienkult hin konzipiert. Anschließend ist die Kirche nach Süden hin durch ein zweites, nun gotisches Seitenschiff hin erweitert worden, in dessen Mitte sich das einstige Hauptportal befand. Dank der Jesuiten erhielt die Reliquienverehrung auch in Köln im 17. Jahrhundert wieder einen neuen Aufschwung. Sichtbarstes Zeichen ist die barocke Umfassung des Ursulagrabes und vor allem der Neubau der Goldenen Kammer.

ARCHITEKTUR

Wer vor dem Westportal der Ursulakirche steht, dem fallen die Wandvorlagen zu beiden Seiten des Eingangs auf. Sie gehörten einst zum Kreuzgang des Damenstiftes, der westlich vor der Kirche lag. Der mächtige romanische Turm wird von einem barocken Helm bekrönt, der mit einer vereinfachten Nachbildung der britischen Königskrone schließt. Damit sollte der hohe Rang der in der Kirche begrabenen Kölner Schutzpatronin schon von weitem sichtbar gemacht werden. Der Besucher befindet sich zunächst in einer niedrigen romanischen Gewölbehalle, die darüber die Empore der Stiftsdamen trägt. Eine gotische Wendeltreppe führt heute zu ihr hinauf. Von hier aus bietet sich ein eindrucksvoller Blick in das Kirchenschiff. In der Nische der Westwand befand sich einst der Thron der Äbtissin, während ein Erker in der Brüstung zum Mittelschiff einen Altar trug. Seitlich auf der Empore befinden sich noch Reste romanischer Chorschranken, die neben Schiefer- auch schöne Kalksinterplatten aus Abbruchmaterial der römischen Eifelwasserleitung als besonderen Schmuck zeigen. Im heute museal genutzten Emporenbereich befinden sich neben Überresten des einst erheblich umfangreicheren Kirchenschatzes noch Schiefertafeln, die einen spätromanischen Zyklus an Aposteldarstellungen zeigen.

Beim Eintritt durch das Gitter in das Mittelschiff überraschen dessen weite Proportionen, die noch auf den frühchristlichen Vorgängerbau zurückgehen. Rundbogenarkaden schmücken die Emporenöffnungen. Nach dem Krieg wurden die gotischen Gewölbe als nachträgliche Veränderung des romanischen Baus nicht wieder rekonstruiert und ein modernes Holzgewölbe eingefügt. So zeigen die oberen Wände die nun funktionslosen gotischen Gewölbekonsolen und daneben Reste

Der gotische Chor ist als Reliquiar aus Stein und Glas konzipiert.

der romanischen Wandgliederung. Das Querhaus entstand erst in der Barockzeit, indem man im östlichsten Joch die Emporen über den Seitenschiffen ausbrach.

Das kurze romanische Mittelschiff erhielt durch den gotischen Langchor eine beträchtliche Erweiterung. Der fast völlig durchfensterte Chor erhält im Kontrast zum weit dunkleren Langhaus eine geradezu bühnenartige Wirkung. Wie in den Seitenschiffen des Kölner Domes entsteigen die Dienste den sockelartig umlaufenden steinernen Sitzbänken. Gewölbedienste und die Gewände der Maßwerkfenster verschmelzen zu einer Einheit. Da sich die Stäbe der Maßwerkfenster zudem über die Wände nach unten fortsetzen, erscheint der Chor vollständig durchgegliedert und wirkt so ungemein leicht und elegant. Die elf Glasfenster, deren mittelalterliche Scheiben leider nicht mehr erhalten sind, wirken wie eingespannt in das steinerne Tragegerüst.

HÖHEPUNKTE DER AUSSTATTUNG
Chorausstattung

Die erhaltene Chorausstattung ist ganz auf den einzigartigen Reliquienkult abgestimmt. An den Wänden hängen die bemalten Holztafeln, die fast comicartig die spätmittelalterliche Fassung der Ursulalegende vor Augen führen. Bildunterschriften erläutern das dargestellte Geschehen. 1456 stifteten zwei Kanoniker des Ursulastiftes den Zyklus. Er beginnt auf der linken Chorseite mit dem Gebet der Eltern von Ursula um Nachwuchs und endet mit dem Martyrium der Heiligen durch einen tödlichen Pfeil. Das heilige Geschehen zeigt in Kostümierung und der Gestaltung der Innenräume die Gegenwart der Mitte des 15. Jahrhunderts. So holte man die Legende gleichsam in die eigene Zeit und aktualisierte sie. Wer sich nicht allzu sehr für fantasiereiche Heiligenlegenden interessiert, der sollte trotzdem einen Blick auf die Tafel des Zyklus rechts vom Hochaltar werfen. Im Hintergrund der Szene, die den Empfang der Ursula und ihrer Gefährtinnen am Kölner Stadttor schildert, ist im Hintergrund die älteste Darstellung von Deutz zu sehen mit der damals noch erhaltenen Abteikirche in Gestalt eines Zentralbaus.

Der große Block des gotischen Hochaltars ist nicht nur mit Blendmaßwerk verziert, sondern besitzt als frühes Retabel einen Aufsatz mit den im 19. Jahrhundert erneuerten Reliefs von elf Jungfrauen. Hinter dem Altar befindet sich, ähnlich wie in Sankt Severin, ein säulengestützter Aufbau, der die Reliquienschreine Ursulas und ihres Bräutigams Aetherius trägt. Bis zum Zweiten Weltkrieg waren die Schreine durch maßwerkverzierte Holzkisten mit umlaufender Eisenkette gesichert, heute ersetzt durch eine Panzervitrine. So konnten Pilger ehrfurchtsvoll unter den Schreinen hindurchziehen und so das Heil der Heiligen aufnehmen, während die kostbaren Behältnisse mit ihrem noch viel wertvolleren Inhalt gleichzeitig bestens geschützt waren. Beide Schreine wurden aber in der Zeit der Besetzung Kölns durch französische Revolutionstruppen geplündert. Während der Ursula-Schrein eine neugotische Neuschöpfung mit einigen Resten der romanischen Emailverzierung und Wiederverwendung des Kammes darstellt, präsentiert sich der Aetherius-Schrein mit Ausnahme der verlorenen Figurenreliefs noch im Originalzustand des 12. Jahrhunderts. Ungewöhnlich in der rheinischen Goldschmiedekunst der Romanik ist seine Abdeckung mit Halbtonnen.

Gotischer Hochaltar mit Reliquienschreinen

Eine der gotischen Reliquienbüsten der 11 000 Jungfrauen

Einzigartiges Arrangement angeblich heiliger Märtyrerinnengebeine in der Goldenen Kammer

Die elf Fenster des Chores zeigten in ihrer verlorenen gotischen Verglasung die heiligen Jungfrauen, während in den vergitterten Wandnischen darunter Teile ihrer angeblichen Gebeine aufbewahrt wurden.

Goldene Kammer

Einst war der gesamte Kirchenraum mit einer Vielzahl angeblich heiliger Gebeine in steinernen Sarkophagen, vitrinenartigen Wandschränken, figürlichen Büsten oder schlicht Knochenstapeln in den Ecken gefüllt. Heute vermittelt nur noch die sogenannte Goldene Kammer, die von der Vorhalle aus zugänglich ist, eine Vorstellung dieses bizarren Reliquienarrangements. Anstelle eines gotischen Vorgängerbaus entstand der heutige Raum 1643/1644. Während die oberen Wandteile flächendeckend mit anatomisch korrekt zusammensortierten menschlichen Skelettresten in Ornament- und Buchstabenform verziert sind, befinden sich vor den unteren Wänden Regale mit Akanthusranken. In ihnen befinden sich rund hundertzwanzig Reliquienbüsten aus gotischer und barocker Zeit. Die gotischen Holzbüsten zeigen in der Regel selig lächelnde junge Mädchen, deren Köpfe oben aufgeklappt werden konnten, um einen Blick auf den darin aufbewahrten Schädel zu werfen. Eine mit Maßwerk verzierte Öffnung im Bauchbereich gab den Blick auf die übrigen Gebeine frei. In den verglasten Fächern der Wandregale befinden sich weitere Schädel, die mit aufwendig bestickten Stoffen umhüllt sind.

Dr. Jürgen Kaiser, geboren 1967, lebt als Sachbuchautor und Kulturreiseleiter mit dem Schwerpunkt Mittelalter in Köln. Florian Monheim, geboren 1963, ist einer der bedeutendsten Architekturfotografen im deutschsprachigen Raum. Beide zusammen haben unter anderem *Gotik im Rheinland* und *Die großen romanischen Kirchen in Köln* (Greven Verlag Köln) publiziert.

Weitere Informationen über den Förderverein Romanische Kirchen Köln finden Sie unter: www.romanische-kirchen-koeln.de
Weitere Informationen über den Rheinischen Verein für Denkmalpflege und Landschaftsschutz finden Sie unter: www.rheinischer-verein.de

Umschlagabbildungen: Innengliederung des Westchores von Sankt Georg (vorne), gotische Jungfrauenbüste in der Goldenen Kammer von Sankt Ursula (hinten)
Abbildung auf Seite 2: Gewölbefresken mit der Katharinenlegende in der nördlichen Turmkapelle von Sankt Maria Lyskirchen
Abbildung auf Seite 6: Muttergottes der spätgotischen Verkündigungsgruppe in Sankt Kunibert